曹洞宗の葬儀と供養

はじめに

「お葬式って、どんなことをしているの」
疑問と期待を滲《にじ》ませたいくつもの声を受けて
私たちはあらためて考えました。
昔ながらの言葉によって執り行われる葬儀は、どうしてもわかりにくい。
しかし、定められた葬儀の規範を簡単に変えることはできない。
だからといって遺族の方々に、釈然としない思いを
抱かせてしまったままでもいけない。
葬儀の意味、供養《くよう》の意味を、多くの方々に
知っていただくことはできないだろうか。
そのような想いが一つの形となり、本書は誕生しました。

曹洞宗《そうとうしゅう》の葬儀。
その意義を一言で表すなら、それは「おくる」。
故人を迷いや苦しみから解き放ち、
お釈迦さまの悟りの世界へとおくる儀式です。
ただのお別れの儀式ではありません。

葬儀の中心にあるのは、かけがえのない「おくる」ばかり。
故人を私たちの心のなかに「憶《おく》る」。
故人をお釈迦さまのもとへ「送《おく》る」。
そして、故人に私たちの想いを「贈《おく》る」。

この世の中に常《つね》なるものは、何一つとしてありません。
私たち人間を含むありとあらゆる存在は、
絶えずその姿を変化させ続けています。
季節の移り変わりのなかで、新芽が若葉となり、
茂りと紅葉を経て、やがて落葉するように。
幼子が瞬く間に成長するように。
いつの日か、自分の大切な人を送り出すときが来るように。
変わらないものは、何もない。
明日《あす》の我が身でさえ、そこに命がまだ宿っているのかは
誰にもわかりません。
たしかに自分が存在しているのは、今しかないのなら、
いたずらに日々を過ごしてはいけない。
今を疎かにしていてはいけない。
だから、葬儀・供養の意義をあまねく人にお伝えすることも
いつかではなく、今でなければならないはず。
私たちは、そう考えました。

本書によって、一人でも多くの方が葬儀・供養の意義を感得し、
人生についての思索を深めていただくことにつながり得れば、
僧侶として、これに勝る幸せはありません。

目次

一章　仏教と曹洞宗

お釈迦《しゃか》さまが誕生されたのは、紀元前四六三年頃。
達磨《だるま》さまがインドから中国へ、禅を伝えたのが五世紀後半。
道元禅師《どうげんぜんじ》が中国から帰国し、
日本に曹洞宗《そうとうしゅう》を伝えたのが一二二七年。
そして現在、二〇一六年。
約二五〇〇年にもわたる、伝法《でんぽう》の長い道のりです。

葬儀のなかには、お釈迦さまの故事になぞらえた仏事が
いくつも含まれています。
今日行われている作法・儀式の根底には、
二五〇〇年も昔の出来事が、脈々と息づいているのです。
追憶によって蘇る、それらの諸相。
葬儀・供養の原点である、お釈迦さまの生涯とその教え、
そして後世において確立された曹洞宗とは、
一体、どのようなものであったのでしょう。

憶

お釈迦さま

【おしゃかさま】

今からおよそ二五〇〇年前、インド・ネパール地方のシャカ国の、ルンビニーという名の花園で、一人の王子が誕生されました。名前はゴータマ＝シッダールタ。後にお釈迦さまとよばれるその方の誕生です。

シャカ国の王子として生まれたお釈迦さまは、王都カピラワットゥで何ら不自由ない暮らしを送っていました。しかし、やがて城での享楽的な生活に疑問が生じ、それがもとで悩み苦しむようになります。人間は老いて、病を患《わずら》い、いつか必ず死んでしまう。人はこの苦しみから決して逃れることはできない。苦しまなければならないこの人生とは、一体何なのか。楽よりも苦に目を向けたお釈迦さまにとって、贅沢《ぜいたく》な暮らしは虚しさを募らせるばかりでした。そしてお釈迦さまは、これらの苦しみを解決すべく、出家《しゅっけ》をして僧侶になろうと考えるようになるのです。

二十九歳のある晩、お釈迦さまは密かに城を抜け出して出家をしました。そして安楽の心を得るために、苦行の生活に入ったのです。当時のインドには、苦しみが生まれる原因は肉体にあり、肉体を痛めつけて弱らせることで、心が肉体から解放されるという考えかたがあったからです。ところが、どんなに苛烈《かれつ》な苦行に身をゆだねても、得られるのは心身の激しい苦痛でしかありません。やがてその身はぼろぼろに衰弱していきました。

六年にもおよぶ苦行の末、骨と皮ばかりになったお釈迦さまは考えました。「このまま苦行を続けても、やがて死ぬだけだろう。安楽など到底得られまい」。そしてお釈迦さまは苦行に見切りをつけると、ネーランジャラー河で衰弱しきった身体を洗い浄《きよ》めました。

少しずつ体力を回復させたお釈迦さまは、樹下に坐って禅定《ぜんじょう》（瞑想《めいそう》）をくり返しました。するとある日、スジャータという娘から乳粥《ちちがゆ》の供養を受けます。お釈迦さまはその乳粥を食べると、ネーランジャラー河のほとりにそびえる菩提《ぼだい》樹《じゅ》の下に坐り足を組み、「悟りを開くまでは決してこの坐は立つまい」と自らに誓いを立て、深い禅定に入りました。

このころ、お釈迦さまにはともに修行をしていた五人の仲間がいました。ところがこの五人は、苦行を放棄したお釈迦さまの姿を見て、「ゴータマは苦しい修行から脱落した」と思い、バーラーナシーという町に去ってしまいます。

一人残されたお釈迦さまは、それでも黙々と坐禅を続けました。心のなかに生じていた雑念もいつしか消え、乱れていた心が少しずつ統一され、迷いや苦しみが解かれていきました。そして坐禅を始めてから八日目、禅定に入っていたお釈迦さまは、十二月八日の明けの空に輝く星を目にし、ついに悟りを開かれるのです。ガヤーとよばれる地で悟りを開いたことから、ブッダ（悟りを開いた者）という言葉を冠して、この地は後にブッダガヤーとよばれるようになりました。

喜びが湧く一方で、しかしお釈迦さまは悩みました。「この悟りの内容はとても難しい。人々には理解してもらえないだろう。けれどもかつて修行をともにしたあの五人なら、あるいは理解してくれるかもしれない」。お釈迦さまは立ちあがると、バーラーナシーへ向かって歩み始めました。

五人の仲間は、道の向こうから近づいてくるお釈迦さまに気がつきましたが、口をきかないつもりでいました。しかしお釈迦さまのあまりの威厳、威光に圧倒され、思わず合掌《がっしょう》をして迎えてしまいます。そして一人、また一人と、お釈迦さまの教えを受けて悟りを開いていきました。これが、世界で最初に「仏（お釈迦さま）」「法（真理の教え）」「僧（教えを実践する仲間）」の三宝《さんぼう》（仏法僧《ぶっぽうそう》）が誕生した瞬間になります。

その後、お釈迦さまは四十有余年間、ガンジス河中流域を中心に教えを説き続けました。そして八十歳の二月十五日、クシナーラーの沙羅双樹《さらそうじゅ》の下でその生涯を閉じられるのです。死の間際、お釈迦さまは別れを惜しむ弟子たちに、次のような最期の説法をされました。

「弟子たちよ、私の終わりも近づいた。別れも遠くはない。しかしいたずらに悲しんではならぬ。世は皆、無常《むじょう》である。会うものは必ず別れねばならぬのが、この世の定めなのである。されば弟子たちよ。ここに自己を灯明《とうみょう》とし、自己を依《よ》りどころとして、他人を依りどころとせず、法を灯明とし、法を依りどころとして生きよ。弟子たちよ、私は君たちに告げる。すべての現象は移り変わるものである。君たちは堕落した生活を送らず、悟りを得るために努めよ」

たとえお釈迦さまの身は滅しても、説き続けられた教えは、その教えを実践するすべての人たちの手によって、悠久の時を越えて日本にまで伝わっていくのです。

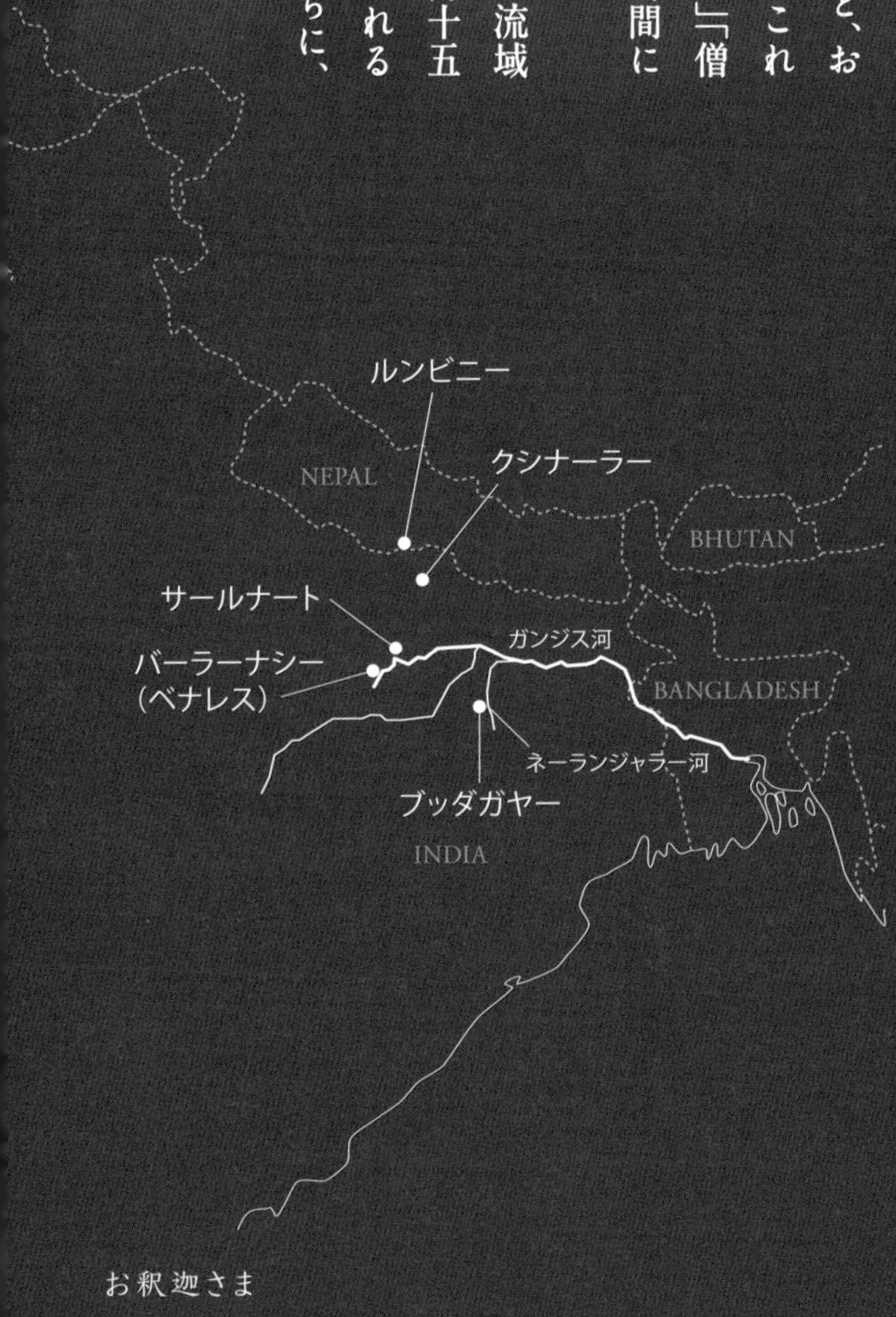

道元禅師

【どうげんぜんじ】

一二〇〇年一月二十六日、後に大本山《だいほんざん》永平寺《えいへいじ》を開かれる永平道元禅師《えいへいどうげんぜんじ》は、この日に誕生されました。幼名を智慧《ちえ》第一の文殊菩薩《もんじゅぼさつ》にあやかり文殊丸といい、その名のとおり、幼い頃から難しい書物を読む聡明な子であったと伝えられています。

禅師は八歳のときに、母が亡くなるという人生の深い悲しみにあいます。亡き母の枕辺《まくらべ》に立ちのぼる香煙《こうえん》を見て、世の無常《むじょう》を観《かん》じた禅師は、しだいに仏道を歩む志を固めていきました。そして十四歳の春、学僧《がくそう》である叔父の世話によって、比叡山《ひえいざん》の座主《ざす》・公円僧正《こうえんそうじょう》のもとで出家し、その念願を果たされるのです。そしてこのとき、道元という名を授かったのでした。

出家から四年間、道元禅師は天台宗《てんだいしゅう》の教えを中心に学びました。そしてあるとき、経典《きょうてん》のなかに書かれていた「本来《ほんらい》本法性《ほんぽっしょう》　天然自性身《てんねんじしょうしん》」という言葉を読んで大きな疑問を抱きます。「『天地万物《てんちばんぶつ》すべては清浄《しょうじょう》で、人間は本来仏である』と経典に説かれているのに、なぜ修行をしなければならないのか。我々人間と、悟りを開いた仏が同じなのであれば、わざわざ悟りを求めて修行をする必要などないのではないか」。それが禅師の問いでした。

比叡山ではこの疑問の解決を得られず、やがて京都・臨《りん》済宗《ざいしゅう》の建仁寺《けんにんじ》に栄西《えいさい》禅師を訪ねるようにすすめられます。そして栄西禅師の弟子である明全和尚《みょうぜんおしょう》に師事し、二十四歳の春、中国は宋《そう》へと求法《ぐほう》の旅に向かったのでした。

宋の地では、まさに仏縁《ぶつえん》とよぶにふさわしい出会いがありました。様々な民族が住み、言葉があり、習慣があり、異なる文化や価値観など、幾多の試練を乗りこえて、禅師は自らの疑問を解こうと各地で修行に励みました。しかしながら、それでも疑問を解く師に出会うことができません。禅師の脳裏を帰国の二字がかすめるようになった頃、偶然にも天童山《てんどうざん》に如浄《にょじょう》禅師が住職《じゅうしょく》されたことを聞き、道元禅師は最後の望みをかけて足を向けます。これが禅師のその後の人生を大きく決定づける出会いをもたらすことになるのでした。

天童山にて如浄禅師と出会ったときのことを、禅師は後にこう述懐《じゅっかい》しています。「如浄禅師と相対したとき、永年探し求めてきた本当の師に出会えたと確信した」。禅師二十六歳、歓喜に満ちた言葉です。

如浄禅師のもとでの修行が数年に及んだ頃のこと。いつものように修行僧が集まって早朝の坐禅をしていると、一人の修行僧が居眠りをしていました。するとその姿を見た如浄禅師が「坐禅はすべからく身心脱落《しんじんだつらく》なるべし」（あらゆる捉われを離れて、身も心も自在になることが坐禅の眼目《がんもく》であるのに、ただ居眠りをしていて何をなし得るというのか！）と、その修行僧を厳しく叱りつけました。この言葉を聞いた瞬間、禅師は胸に抱き続けてきた「本来本法性　天然自性身」の疑問から解き放たれ、目に見え耳に聴こえる、自分のまわりにあるすべての存在が仏の姿の現れであることを深く悟りました。そしてお釈迦さまから脈々と伝えられてきた仏法を、如浄禅師から受け継がれたのでした。

一二二七年、禅師は二十八歳で帰国の途につきます。そして、「お釈迦さまから伝わる正しい仏法は、まず何よりも坐禅にある」と、このことを伝えるために、帰国後、最初の著書である『普勧坐禅儀《ふかんざぜんぎ》』を著《あら》わしました。

その後、三十四歳のときに京都の深草《ふかくさ》に興聖寺《こうしょうじ》を建立すると、修行僧の育成と人々への布教を始めました。しかし禅師の名声が高まるにつれ、他宗からの圧迫が加わり、権力に近づいてはならないという如浄禅師の教えも相まって、どこか山奥の静寂な地に修行道場を開くことを決意します。こうして四十四歳の折、波多野義重《はたのよししげ》公のすすめで越前（福井県）に移り、大仏寺《だいぶつじ》を建立し、二年後にその名を永平寺とあらためました。

永平寺での十数年、禅師は正しい後継者の育成に力をそそぎました。『正法眼蔵《しょうぼうげんぞう》』をはじめとした多くの書物も、この時期に著わされています。しかし五十三歳の夏頃から体調がすぐれず、翌年には懐奘《えじょう》禅師に永平寺を託し、病気療養のため京都へ向かいます。そして一二五三年九月二十九日、俗弟子である覚念《かくねん》の邸宅にて、五十四歳の生涯を終えられたのでした。

後に禅師は諡名《おくりな》を承陽大師《じょうようだいし》とされ、曹洞宗の高祖《こうそ》として今も仰がれています。

永平寺　仏殿《ぶつでん》

寺紋「久我竜胆《こがりんどう》」

大本山永平寺（福井県永平寺町）

山の斜面を背に、七堂伽藍《しちどうがらん》を中心とした、大小70余棟のお堂や楼閣が建ち並ぶ。人里を離れた深山幽谷の地には、樹齢700年ともいわれる老杉の巨木がそびえる。

瑩山禅師

【けいざんぜんじ】

道元禅師の意志を継ぐこととなる瑩山紹瑾《けいざんじょうきん》禅師は、一二六四年十月八日、越前に誕生されました。道元禅師が亡くなられてから、十一年後の秋のことでした。瑩山禅師の生涯を一言で表すならば、「日本諸国を行脚し、あまねく人に仏教の教えを、曹洞宗の禅の教えを伝えるものであった」といえるでしょう。

瑩山禅師は、信仰心の篤《あつ》い母のもとで育ちました。そして六歳のときに僧侶となる心を起こし、永平寺の懐奘《えじょう》・義介《ぎかい》、両禅師のもとで出家をします。このときに名を行生《ぎょうしょう》から紹《じょう》瑾《きん》へとあらためて、正式に僧侶となったのでした。

永平寺において日々厳しい坐禅修行に励まれた禅師は、十八歳にいたり、諸国行脚《しょこくあんぎゃ》の旅に出る志を立てます。草鞋《わらじ》を踏みしめ最初に訪ねたのは、越前大野にある宝慶寺《ほうきょうじ》の寂円《じゃくえん》禅師でした。ここで修行に精進し、やがて維那《いの》という修行僧を指導監督する役を勤めるほどになります。そして次に京都へのぼり、幾人かの臨済宗の禅師のもとに参じ、さらに比叡山に上って天台宗の教えも学び、求道の年月を送るのです。

紀伊（和歌山県）由良《ゆら》の興国寺《こうこくじ》の心地覚心《しんちかくしん》禅師に参じた際にも、臨済宗の禅風《ぜんぷう》を学びました。二十八歳のときには阿波（徳島県）に赴き城万寺《じょうまんじ》を開いて人々に仏教を伝え、その後は肥後（熊本県）へ赴きもしました。このようにして諸国・諸師のもとで、まさに行雲流水《こううんりゅうすい》のごとく修行を重ねたあと、禅師は再び永平寺に戻ります。多くの師との出会いのなかで生まれた貴重な時間は、道元禅師が確立された曹洞宗の教えを広く全国に伝えるための準備期間ともいえる、かけがえのない時間であったことでしょう。

その後、永平寺から加賀の大乗寺《だいじょうじ》に移られた義介禅師のもとに赴くと、禅師はより一層修行に励みました。そして三十二歳のとき、仏法が余すことなくしっかりと身につき、悟りを得たことが認められ、道元禅師より伝わるお袈裟を受けて、お釈迦さまの法を受け継がれたのでした。

三十五歳で大乗寺の住職を継承したあとは、仏法を伝え続けた歴代の祖師《そし》方の伝記と、悟りの因縁を綴《つづ》った『伝光録《でんこうろく》』を説き示しました。この書物は、道元禅師の著した『正法眼蔵《しょうぼうげんぞう》』とともに、曹洞宗の宗典《しゅうてん》として位置づけられています。

瑩山禅師が總持寺《そうじじ》の住職となるのは、五十八歳のときです。能登（石川県）にある諸嶽寺《しょがくじ》の定賢律師《じょうけんりっし》がある日、「やがてこの地にすぐれた僧侶がくるから、その方に寺を譲るがよい」という観音さまの夢告を聞き、そのお告げのとおり、やがて訪れてきた瑩山禅師にお寺を譲られたのでした。禅師はこのお寺の名を諸嶽山總持寺《しょがくざんそうじじ》とあらため、人々の救済や曹洞禅の確立に努めました。ここが後に横浜に移転する大本山總持寺です。

その後は、總持寺を峨山韶碩《がさんじょうせき》禅師に託し、禅師自身は永《よう》光寺《こうじ》に移り、本堂を建立されます。そして修行僧のための日々の正しい在りかたを記し、修行道場の規範を定められたのでした。

その生涯において、曹洞宗の教えを大いに広められた瑩山禅師ですが、永光寺に移った翌年の春頃から健康がすぐれず、その年に永光寺を明峰素哲《めいほうそてつ》禅師に託します。そして、お釈迦さまが弟子たちのために説いた最期の説法である「八大人覚《はちだいにんがく》」を禅師自らも弟子たちに説き示し、最期の別れを告げて六十二歳でその生涯を閉じられたのでした。

瑩山禅師が生涯を通して伝えようとした教えは、その門下より輩出された多くの名僧たちによって、全国各地に受け継がれていきました。瑩山禅師が曹洞宗の発展の基礎を確立されたと称されるゆえんは、ここにあります。

こうして「仏（二人の禅師）」の「法（曹洞宗の禅の教え）」は「僧（教えを実践する人々）」の手によって日本各地に広まっていきました。お釈迦さまが法を説かれてから二五〇〇年ものあいだ、連綿と続く仏法僧の三宝は、形を変えながらもその本質を変えることなく、私たちが暮らす現在へと伝えられていくのです。

曹洞宗では、お釈迦さまから伝わる正しい仏法を伝えた道元禅師を高祖と称するのに対し、曹洞宗という教団の礎《いしずえ》を築いた瑩山禅師を太祖《たいそ》と称し、両祖《りょうそ》として仰いでいます。また、瑩山禅師は諡名《おくりな》を常済大師《じょうさいだいし》とされました。

道元禅師が開いた永平寺と、瑩山禅師が興した總持寺は両大本山《りょうだいほんざん》とよばれ、今も修行僧が日夜修行に励んでいます。そして多くの人々の信仰の依《よ》りどころとして、古来よりその門を開き続けているのです。

寺紋「五七桐《ごしちのきり》」

總持寺　大祖堂《だいそどう》

大本山總持寺（神奈川県横浜市鶴見区）

東京湾と房総半島を望み、後ろには富士の霊峰がそびえる景勝の地。
約十万坪の広大な境内には、種々のお堂が連なっている。

縁起【えんぎ】

世間では吉凶の意味合いで使われている、縁起《えんぎ》という言葉。
じつはこれ、仏教の言葉なんですね。
仏教語としての本来の意味は「縁《よ》りて起こる」。
世の中にあるすべてのものは、単独で存在しているのではなく、
必ず他との関わり合いのなかで成立している。
物事は必ず複数の原因が関わり合って生じている。原因のない結果は存在せず、
それが縁起という言葉の本来の意味です。
稲作を例に考えてみましょう。稲穂が実るためには、
まず何よりも種となる籾《もみ》が必要ですね。
これが、稲穂が実る直接的な原因。
しかし籾だけでは稲にはなりません。
芽を出して成長するには水が不可欠で、
さらには適度な温度、太陽の光、大地の栄養、
空気といった間接的な要因や条件も欠かせません。
それらの要因や条件が整い、さらにそこに人の手と
時間が加わることで、籾は稲穂へと成長し、豊かな実りを結びます。
私たちが普段いただいているお米は、
はじめからお米として存在しているわけではなく、
多くの要因が集まった結果として存在しているのです。
このように、あらゆるものは関わり合いのなかで
存在しているという自然の理《ことわり》を、縁起といいます。

無常【むじょう】

縁起から生じたお米は、稲作の結果であると同時に、
常に何かの原因としても存在しています。
たとえば、私たちが生きることができる要因の一つも、このお米にあります。
私たちの身体もまた、多くの縁によって集まった、
諸々の要因の結果というわけですね。
こうした縁起の眼で世の中を眺めてみれば、あらゆる存在は、
縁が組み合わさることによってつくられているという事実に気づくでしょう。
独立した存在は一つとしてなく、あらゆるものは絶えず関わり合いをくり返し、
その結果、常に変化し続けているのです。
このように、あらゆるものが移り変わりを続け、
常なるものは何もないという自然の真理を、仏教では無常とよんでいます。
無常はただ変化することであり、そこに良い意味も悪い意味もありません。
滅することが無常なら、生じることもまた無常なればこそ適《かな》う現象です。
冬に葉を落として枯れた木も、春の芽吹きに微笑む木も、どちらも同じ無常の現れ。
あらゆるものが絶えず変化し続ける無常の世界に、私たちは生きているのです。
この真理を生きる指針の根底に据えて、
変化するものに執着せず、人生を安らかに生きてほしい。
それがお釈迦さまの願いであり、
私たちに遺した教えでもあるのです。

曹洞宗に伝わる　仏の相《すがた》

坐禅【ざぜん】

曹洞宗の坐禅は「只管打坐《しかんたざ》」。
ただひたすら坐《すわ》ることだけに徹します。
集中力を高めたい、悟りを開きたい、
そんな計らいはもち込まず、ただ静かに坐ります。
坐禅とは何かを得るための手段ではありません。
坐禅をすれば何か良いことがあるわけでもありません。
坐禅をする目的は、坐禅をすることそれ自体。
それ以外にはないのです。

腰を下ろして足を組み、
背筋を伸ばして身を調える。〈調身《ちょうしん》〉
ゆっくりと息を吐き、
ゆっくりと息を吸い呼吸を調える。〈調息《ちょうそく》〉
身と息が整えば、
自ずと心が調ってくる。〈調心《ちょうしん》〉
煩悩《ぼんのう》の風に吹かれて揺らめく心の波紋を鎮め、
水鏡《みずかがみ》のように澄んだ水面《みなも》の心とするように、
身・息・心の三つを調えて、ただ坐る。
それが曹洞宗の坐禅です。

一炷《いっちゅう》
坐禅をする時間の単位。「一炷」とは、線香が一本燃え尽きるだけの時間をいいます。実際の時間に換算すると、約45分。

警策《きょうさく》
坐禅中の僧侶の肩をたたき、修行のゆるみや眠気をさまさせる仏具。叱る際に用いられるように思われがちですが、励ます意味を込めて肩をたたきます。

結跏趺坐《けっかふざ》
坐禅の際の正式な足の組みかた。右の足を左のももの上に置き、左の足を右のももの上に置きます。

法界定印《ほっかいじょういん》
坐禅の際などに組む手の形。両の掌《てのひら》を上に向け、右の掌の上に左の掌をのせて、下腹につけるようにします。両手の親指の先を軽くふれ合うようにし、親指と人差し指で楕円の空間をつくります。

坐蒲《ざふ》
坐禅の際に尻の下に敷く丸形の蒲団。坐蒲があることによって姿勢を調えやすくなります。また坐禅は、坐蒲にのせた尻と、両ひざの三点だけを接地させて坐ります。ももは畳につけません。

二章　葬儀と供養

臨終《りんじゅう》から通夜《つや》を経て、葬儀へ。
故人をお釈迦さまの悟りの世界へと送る葬儀では、
それぞれに大切な意味をもったいくつもの仏事が、
厳粛のうちに執り行われています。

葬儀、そしてその後も続いていく追善供養《ついぜんくよう》の内容を、
二十四の仏事に分けることで、
一つひとつの仏事を浮き彫りに。
そこから見えてくる、葬儀の本当の意味。
それを知っていただくことこそが、
葬儀について考える第一歩にほかなりません。
あらためて感じていただきたいのは、
亡き人を弔う供養の大切さです。

送

枕経

【まくらぎょう】

瞑《つぶ》りし人へ　供養の始まり

人は亡くなる。
悔しくても　悲しくても
怒っても　願っても
それでも人は亡くなる。

だから人は　掌を合わせて弔う。
故人と過ごした日々を想いつつ
故人のこれからが
安らかであるように。

枕経

枕経【まくらぎょう】

人はいつの日か必ず、その人生の最期の時を迎えます。病や事故、自然災害に老衰――。たとえ亡くなる理由に違いがあったとしても、大切な方を亡くす悲しみというのは、のこされた方々にとって一様に深く厳しいものです。まるで自分の体の一部を、人生の一部を失ってしまったような、そんな感覚に陥ることもあります。胸にぽっかりと穴が開くという表現も、決して大げさなものではありません。

実際に身内の方が亡くなった場合、大きな不安と動揺のなかでのことになりますが、それでもすぐに連絡を取るべき方々がいます。まずは近親者。そして故人の葬儀を勤める菩《ぼ》提寺《だいじ》。また葬儀社などが運営する葬儀場を利用するのであれば、その方面への連絡もあわせて行います。こういった方々は、動揺してしまい冷静に物事を判断することができない状態の遺族をサポートしてくれる、大切な存在となります。

亡くなった場所が病院などであった場合は、故人を自宅に安置し、枕飾《まくらかざ》りを整えたあと、再び菩提寺に連絡をして僧侶に枕経《まくらぎょう》を唱えに来ていただきましょう。亡くなって間もない故人の枕元で、懇《ねんご》ろにお経を唱える。この仏事を枕経といいますが、枕経は通常、故人が亡くなってからできるかぎり早く行われます。なぜなら枕経とは本来、臨終の場で死に瀕《ひん》した方の不

枕飾《まくらかざ》り

亡くなった方の枕元に飾られるお供え物。線香、蠟燭《ろうそく》、華のほか、枕飯《まくらめし》、枕団子《まくらだんご》、水などが供えられる。華は一本華《いっぽんばな》といって、白菊などを一輪だけ花器にさす慣習があるが、樒《しきみ》を用いる地域も多い。また、枕飯に箸を立てておくのは、供養の依代《よりしろ》としての意味や、その枕飯が故人だけのものであることを意味している。

安を取除き、安らかに最期を迎えられるようにとの願いを込めて唱えられていたお経だったからです。つまり生きている方に対して経文《きょうもん》を読み聞かせることが、枕経とよばれる仏事の本意でした。

それが現在は死後に行われるように変化し、広く世の中に定着しました。それでも、故人を早く安心させてあげたいという遺族の想いに変わりはないため、菩提寺の僧侶は連絡を受けたあと、可能なかぎり早く故人のもとへ駆けつけます。

故人を安置したあと、または枕経を終えたあとには、末期《まつご》の水をとります。箸先に脱脂綿などをくくりつけ、湯飲みの中の水を脱脂綿に含ませて、そっと故人の口元を湿らせてさしあげるのです。

お釈迦さまは自身の死の間際、ひどく喉が渇いたので水を飲みたいとおっしゃったという伝承が、経典《きょうてん》に記されています。その故事にならい、喉の渇きに苦しんでいるかもしれない故人の口元を潤すのが、末期の水の儀式です。地域によっては納棺《のうかん》や出棺《しゅっかん》の際に末期の水をとることもありますが、故事の意味を考慮するならば、できるだけ早くに執り行ったほうがよいといえます。

故人をお釈迦さまのもとへと送る一連の儀式のなかには、仏教とは直接的に結びつかないものもあります。ただしそういった儀式も、仏教との関係がまったくないかというと、そうともいい切れません。いうなれば、今日における葬儀とは、日本古来の精神文化と、故人を想う遺族の心と、故人の成仏(仏さまに成ること)を願う仏教とが複雑に入り混じり融合した、重層的な葬送儀礼ということになるでしょう。

末期《まつご》の水

故人の口元を少量の水で潤す儀式。死水《しにみず》ともいう。一般的には、箸先に脱脂綿を巻きつけたものを用いるが、地域によっては新しい筆や、樒の葉を用いることもある。故人とゆかりの深い者によって行われる儀式であり、配偶者・子・両親・兄弟姉妹などによって順番に執り行われる。

納棺【のうかん】

仏の道への　旅支度

死《しに》化粧《げしょう》を施した顔に蘇る
穏やかな生前の面影。
現世《げんせ》の塵《ちり》を洗い落とし
浄《きよ》らかになつた身体に纏《まと》う死装束《しにしょうぞく》。
旅支度を終えた故人は　棺《ひつぎ》の中で
静かに眠る。

納棺【のうかん】

臨終から通夜までのあいだには、普段は目にすることのない様々な慣習、しきたりが存在します。北枕《きたまくら》、枕団子《まくらだんご》、一本線香《いっぽんせんこう》、逆《さか》さ事《ごと》、守《まも》り刀《がたな》、死化粧、湯灌《ゆかん》、納棺《のうかん》。細かなことまで挙げればきりがないほど。

なかでも納棺の儀式は、葬儀に臨《のぞ》むために故人の身体を浄《きよ》めて身支度を整えるという、仏さまの世界への旅支度ともいうべき儀式となっています。遺族の方々にとっては、自らの手で故人を棺《ひつぎ》に納めることによって、故人の死を心に受けとめる大切な時間にもなるでしょう。

納棺の儀式では、はじめに故人の身体を洗い浄める湯灌が行われます。たらいなどに水を入れ、そこに湯を足して湯加減を調節した逆《さか》さ水《みず》を用いて、故人の身体を拭いてさしあげるのです。

従来は準備から一切を遺族の手で行っていた湯灌ですが、現在では納棺師や葬儀社によって行われることも多くなりました。簡易型の浴槽を持ち込みシャワーで洗い浄める方法が考案されるなど、いくらか変容もみられます。ただそれでも、故人を清浄《しょうじょう》な姿にしてさしあげたいという湯灌の意義自体は、現在においても何ら変わりありません。

湯灌が終わると、次は身支度にとりかかります。ひげを剃ったり、化粧を施したり、場合によっては髪や爪を整えることも。亡くなられた方のなかには病気などで痩せてしまった方も多く、そのような場合には頬を膨らませるなどの施術が行われることもあります。故人のお顔を、生前の、それも

守《まも》り刀《がたな》

故人の胸の上、棺の上、枕元などに置く短刀。伝統的な仏教の教えではなく、もとは武士が亡くなった際、その枕元に刀を置いたしきたりが一般にも広まり、現在のような形態となったとされる。故人の霊が悪霊などにとりつかれないよう、故人を守るための魔除《まよ》け、あるいは鎮魂を願って置かれる。

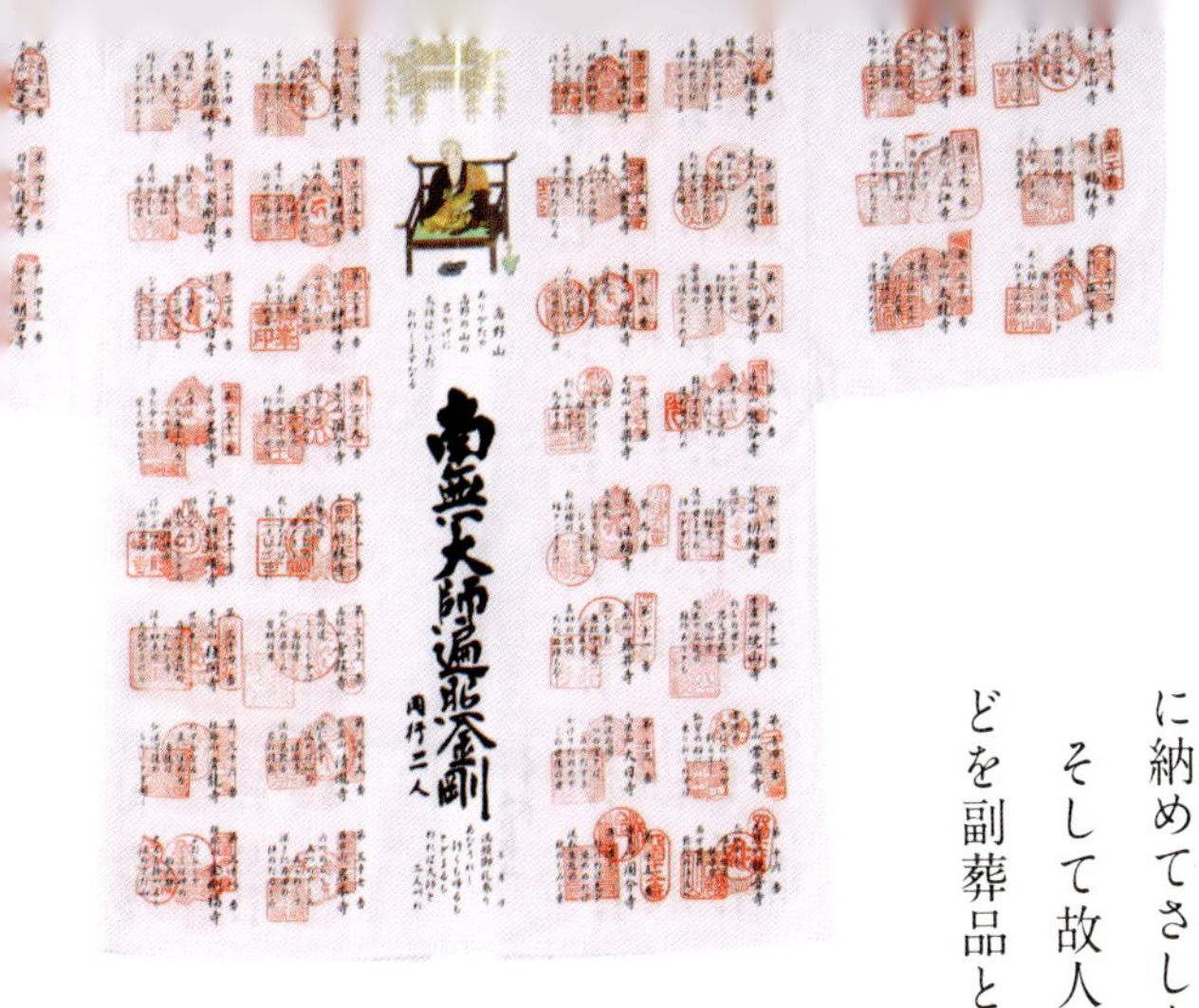

経帷子《きょうかたびら》

健やかであった頃の面影に近づける死化粧は、遺族の心を癒し安堵《あんど》させてくれるものでもあるのです。

そのようにして故人の身体を清浄にし終えると、次に死装束の身繕《みづくろ》いに移ります。伝統的には白無地の着物や、遍路《へんろ》の際に身に纏《まと》う経帷子《きょうかたびら》を左前に合わせて着せていましたが、近年は故人が生前に着ていた衣服、着物、浴衣などを着せることも多くなりました。

死装束にはこのほかにも、手の怪我を防ぐ手甲《てっこう》、足を保護する脚絆《きゃはん》、三途《さんず》の河の渡り賃とされている六文銭《ろくもんせん》を入れた頭陀袋《ずだぶくろ》などがあります。まさに旅姿そのものですね。死装束のことを旅支度といいならわす理由は、ここにあります。また数珠は、胸の上で組んだ故人の両手にかけてさしあげるか、棺に入れてさしあげるとよいでしょう。

死装束を着れば納棺の準備はすべて整い、いよいよ故人を棺の中へと納めます。このときはできるかぎり遺族の方々も手を添えて、皆で故人を棺に納めてさしあげましょう。

そして故人を丁重に安置したあとは、故人が生前に愛用していた品などを副葬品として棺に納めます。眼鏡などの金属類は納めることができない場合があり、また御朱印帳《ごしゅいんちょう》のような書籍類は燃えにくいため広げておくことなど、副葬品についてはいくらか注意事項もあるため、確認を取ることが必要です。そして最後に棺の蓋を遺族の手で下ろし、納棺の儀式は締めくくられます。

逆《さか》さ事《ごと》

人が亡くなった際に、通常とは逆のことや、平常では行わないことを行う、日本古来の風習があります。それが逆さ事です。逆さ事が行われる理由は、死が非日常の最たるものであり、そのような死がほかの者の身にも起きないようにとの願いから。現在では逆さ事の風習は廃れてきてはいますが、それでも目にするものはいくつかあります。代表的な逆さ事を挙げてみましょう。

逆さ屏風	故人の枕元に、上下を逆さまにした屏風を立てる。
逆さ水	通常、湯加減は熱い湯に水を入れて調節するが、湯灌の際の湯は、冷たい水に熱い湯を入れて調節する。
左前	亡くなった方の着物を、左前に合わせて着せる。
縦結び	紐や帯の結び目を、横結びではなく縦結びにする。

数珠《じゅず》

通夜

【つや】

縁者と語らう　長くて短い最後の夜

通夜式が終わり　参列者が帰り
あとに残った静寂。
身を寄せて　何を語ろうか。
今宵は故人とともに過ごす
最後の夜。

通夜【つや】

納棺を終えて棺を葬儀場に移すと、やがて通夜《つや》を迎えます。通夜とは、読《ど》経《きょう》、梅花流詠讃歌《ばいかりゅうえいさんか》（御詠歌《ごえいか》）、念仏《ねんぶつ》といった供養を施し、夜を通して故人を偲《しの》ぶ仏事全体を指す言葉です。したがって、僧侶を招いて行われる通夜式はもちろんですが、弔問客《ちょうもんきゃく》が帰られたあとも通夜は続きます。葬儀の前夜、遺族やゆかりの深い方々が故人のもとに集い、線香や蠟燭を絶やすことなく夜を通して語り明かし、故人の冥福を祈る。それが本来の通夜であるといえるでしょう。

ところで、通夜の晩は線香や蠟燭を絶やさないようにといわれることがありますが、このしきたりにはどのような理由があるかご存じでしょうか。じつは、昔から仏教には食香《じきこう》という言葉があります。「食」とは食べること。「香」は香り、線香です。つまり食香とは「亡くなった方や仏さまは線香などの香りを食される」という考えを文字に起こした言葉です。この考えから、故人がお腹を空かせてひもじい思いをすることがないよう、線香を絶やさずに香りを故人のもとへおくり続けるというしきたりが生まれたのでした。

では蠟燭はどうでしょうか。もちろんこちらにも理由があります。蠟燭とは智慧《ちえ》の象徴であり、暗闇を照らす灯火《ともしび》です。故人が歩む道に智慧の灯りを届け、安心を施すとともに、前途を照らしてさしあげたい。そのような想いから、蠟燭の火は保たれてきました。しきたりとは単なる慣習ではな

一《いっ》本《ぽん》線《せん》香《こう》

曹洞宗では、導師を迎えて行う法要は通常、香炉に線香を三本立てます。しかし、人が亡くなってから忌明《きあ》けとなる四十九日までは、線香を一本しか立てない場合が多いものです。これを一本線香とよびます。したがって、枕経・通夜・葬儀・中陰《ちゅういん》（四十九日間）に行われる法要の線香は、基本的にはすべて一本。故人がお釈迦さまの悟りの世界へと向かう道が一本道であってほしい。真っすぐ一途に歩んでほしい。そのような願いが、この一本線香には表されています。

く、遺族のまごころが込められた、故人への温かな贈り物なのですね。

そしてもう一つ、通夜においてぜひ行っていただきたい大切なことがあります。それは、故人の思い出を皆で語り合うこと。

お釈迦さまが八十歳でその生涯を閉じられたとき、周囲には多くの弟子たちが集まっていました。そして「お釈迦さまはあのとき、こんな教えを説かれた」「こんなこともおっしゃっていた」と、お釈迦さまが生前に説かれた教えを互いに語り合い、夜を徹して過ごしたことが、今に伝えられています。これが仏教における通夜の起源です。

心の依りどころであるお釈迦さまが亡くなられたことで、愛執《あいしゅう》を離れていない修行僧は声を荒げて嘆き悲しみました。しかし、古くからお釈迦さまの教えを聴いて、ともに修行を続けていた修行僧たちは、むしろ彼らのほうが激しい悲しみに襲われたであろうにもかかわらず、その悲しみを耐え忍んだといいます。「生まれたものは、必ず滅する。それが命の真理なのだ」。生前にそう説き続けたお釈迦さまの声が、修行僧たちの胸に蘇っていたのかもしれません。

故人から教わったことを皆で語り合うことは、お釈迦さまの故事にならい、また故人からの贈り物を皆で分かち合う、かけがえのない時間になります。明日の葬儀までの長くて短い一夜。遺族の方々は故人とともに暮らした日々を思い出しつつ、その傍《かたわ》らに身を寄せて、心静かに故人の冥福をお祈りいたしましょう。

香奠《こうでん》の表書き

通夜や葬儀に持参する御香奠(香典)の表書き(熨斗《のし》書《が》き)のうち、仏式で主に使われるものは「御霊前《ごれいぜん》」「御香奠」「御香料《ごこうりょう》」などです。「御仏前《ごぶつぜん》」は故人がお釈迦さまのもとに辿り着いたとされる四十九日の法要から使用されるものですので、通夜や葬儀では用いません。また一部の地域には、通夜に「淋見舞《さびしみま》い」を、葬儀に「御香奠」を持参するといった風習もあります。

梅花流詠讃歌《ばいかりゅうえいさんか》(御詠歌《ごえいか》)

曹洞宗には、お釈迦さまや両祖さま(道元禅師・瑩山禅師)を讃え、ご先祖さまを敬う心を歌にして唱える梅花流詠讃歌というものがあります。御詠歌ともいいますので、こちらの名前のほうが馴染み深いかもしれません。日本の風土と暮らしのなかで生まれたメロディーは総じて優しく、穏やかな曲調で誰にでも唱えやすく作られています。唱えることで安らかな心が生まれ、新たな感動が湧いてくる仏教讃歌です。

剃髪

【ていはつ】

断ち難きを断ち　仏の姿へ

通夜の晩を明かすと、いよいよ葬儀当日となります。

葬儀はまず、導師《どうし》や役僧《やくそう》の入場によって始まります。僧侶はそれぞれの席まで歩み進むと、故人に向かって丁重に合掌礼拝《がっしょうらいはい》をします。恭《うやうや》しく厳かに葬儀を執り行う。それが故人を篤《あつ》く供養するということであり、亡き人を弔う葬儀の礼義でもあるからです。

葬儀を故人との別れの式と考える方は多いですが、曹洞宗の葬儀はそれだけではありません。故人は葬儀によってお釈迦さまの弟子となり、仏さまの世界、つまりお釈迦さまの悟りの世界へと旅立ちます。そのようにして故人を送り出す式が、曹洞宗の葬儀です。そして仏さまの世界での修行の励みや助けとなるようにと、現世に生きる私たちが施し、敬い、願う心が、すなわち供養となります。

そのため葬儀では、故人を仏弟子にするための一連の儀式が最初に行われます。その第一が剃髪。剃刀《かみそり》で故人の髪とひげを剃り落す儀式です。導師は葬儀のなかで実際に剃刀を手に取ると、故人の前で髪やひげを剃る作法を行います。その際に唱えられるのが、剃髪の偈《げ》です。

剃髪の偈

流転三界中《るてんさんがいちゅう》〈あらゆる世界をさまよい続ける私たちにとって〉

恩愛不能断《おんあいふのうだん》〈父母家族との恩愛《おんあい》を断って出家することはまことに忍び難い〉

剃刀《かみそり》

棄《き》恩《おん》入《にゅう》無《む》為《い》　〈しかしこの恩愛を断って仏弟子となり仏さまの世界に入る人こそ〉
真《しん》実《じつ》報《ほう》恩《おん》者《しゃ》　〈真に父母家族の恩に報いる者である〉

続いて、もう一つ別の偈文《げもん》を唱えます。

剃《てい》除《じょ》鬚《しゅ》髪《はつ》　〈髪の毛とひげを剃り落とすとき〉
当《とう》願《がん》衆《しゅ》生《じょう》　〈故人のために皆でひたすら願う〉
永《よう》離《り》煩《ぼん》悩《のう》　〈煩悩の苦しみから永遠に離れ〉
究《く》竟《ぎょう》寂《じゃく》滅《めつ》　〈いつまでも安らかであることを〉

財産、地位、名誉。たとえ家族を愛することであっても、それらへの執着心は悩みや迷いのもとになります。それはやがて、故人を苦しめる種にも。故人が煩悩の苦しみに満ちた世界に落ちてしまわないよう、無事に仏さまとなるために、導師は髪やひげを剃り落とすのです。

断ち切れない幾多の想いが
蔦《つた》のように心に絡みついて
苦しみのもととなってしまわぬよう
髪とともに執着を断つ。

髪と権力

古来より髪やひげは、権力や美の象徴とされてきました。そして権力や美には、欲望や執着や迷いがつきまとうことが多く、それらは争いや苦しみを生み出す原因ともなってきました。葬儀において髪やひげを剃り落とすということは、欲望や執着ゆえの迷いや苦しみを離れて仏弟子になるという、俗世《ぞくせ》との決別を表す儀式であることを意味しています。

懺悔

【さんげ】

自らを省《かえり》み　未来に誓う

清浄《しょうじょう》であるべき仏弟子となるためには、これまでの行いを振り返らなければなりません。恥ずべき行いをしてしまったことはないか。誰かを害するような、迷惑をかけてしまったことはなかったか。それらの事実を隠し、ごまかしてしまおうと考えてはいないか。

もし反省すべき行いがあったなら、仏さまの前で素直に反省する。心のうちに潜む自分の欲望や執着に気づき、勇気をもってそれらを見据えることができなければ、煩悩によって再び苦しまなければなりません。そのために過去を振り返り、これまでの自分の行いを見つめ直すことを懺悔《さんげ》といいます。

罪を犯した人が懺悔をしたからといって、罪を犯したという事実自体が消えるわけではありません。厳しく聞こえるかもしれませんが、事実は事実のまま残り続けるのです。しかし、自分で自分の罪に気づき、これまでの行いを悔いあらためることができれば、懺悔によってこれから先は正しい道を歩き始めることができます。つまり懺悔とは、過去の反省であると同時に、未来への誓いでもあるのです。

葬儀における懺悔は、まず導師が懺悔文《さんげもん》の一文を唱え、続いて役僧が同じ一文を唱和する形で続きます。故人がしっかりと仏道を歩み仏さまになれるよう、導師に続いて遺族・参列者の皆さまも、一緒にご唱和いたしましょう。

懺悔《さんげ》の方法

原始仏教教団においては、罪を犯した者は仏弟子全員の前でその罪を告白するという方法を用いて、懺悔が行われていました。これに類する懺悔の儀式として、現在の修行道場では布薩《ふさつ》という儀式が行われています。布薩とは犯してしまった罪を仏さまの前で懺悔し、僧侶として正しい生活を続けていくことを新たに誓い、仏道を成就することを願う儀式です。この布薩には、年に一度の大布薩《だいふさつ》と、月に二度（十五日と月末）行われる略布薩《りゃくふさつ》があります。また、そのような儀式によらず、理論的に自らの心の在りかたを省みるという懺悔の方法もあります。いずれにしても、反省のないところに清浄なし。浄らかに生きるには懺悔が不可欠です。

過ぎ去ってしまったことを
やり直すことはできない。
できるのは
これからをあらためること。

懺悔文

我《が》昔《しゃく》所《しょ》造《ぞう》諸《しょ》悪《あく》業《ごう》
皆《かい》由《ゆう》無《む》始《し》貪《とん》瞋《じん》痴《ち》
従《じゅう》身《しん》口《く》意《い》之《し》所《しょ》生《しょう》
一《いっ》切《さい》我《が》今《こん》皆《かい》懺《さん》悔《げ》

〈これまでの行いのなかで生じたいくつもの罪悪は〉
〈自分の心に潜む欲と怒りと愚かさが原因となり〉
〈行いと言葉と意識によって生じたものである〉
〈今、その一切を仏さまの前に懺悔する〉

洒水

【しゃすい】

洒《そそ》ぎ浄《きよ》める　智慧《ちえ》の水

降り洒ぐ雨が　渇いた大地を潤すように
身心《しんじん》を浄め　仏法《ぶっぽう》に目覚める。

水を洒《そそ》ぐ作法は総じて洒水《しゃすい》とよばれ、様々な法要のなかで執り行われています。たとえば出家《しゅっけ》をして仏弟子となる式を得度式《とくどしき》といいますが、この得度式のなかで師は、弟子の頭上に水を数滴洒ぐ作法を行います。これも洒水の一つです。これと同じ意味を含んだ洒水の作法が、葬儀のなかでも行われていることをご存知でしょうか。葬儀では故人を仏弟子にする儀式が行われていますので、得度式と同じ洒水の作法が行われているのです。

葬儀における洒水は、次のようにして行われます。まず導師は洒水枝《しゃすいし》という松の葉がついた枝の先で自分の頭に軽くふれ、その葉先を水の入った洒水器《しゃすいき》の中に入れます。自分が受け継いできたお釈迦さまから伝わる教えを、一度器の水に宿すのです。すると水はお釈迦さまの智慧を宿した法性水《ほっしょうすい》となり、洒がれた者は仏法の智慧に目覚めるのだと、古来より考えられてきました。この法性水を、洒水枝を用いて故人の頭上に洒ぐことで、お釈迦さまの教えを故人に伝えていくのです。

葬儀では、故人にとって師となる導師から仏法の浄らかな水をいただくことで、お釈迦さまの教えが水を介して余すことなく故人に伝わります。洒水とは、言葉には表すことのできないお釈迦さまの尊い教えを、後世にまで連綿と伝えていく儀式なのです。

また洒水には、煩悩を消し去り、身と心を浄めるといった意味も含まれています。仏教において煩悩はよく火に喩《たと》えられ、お釈迦さまの智慧の力を宿した法性水は、煩悩の火を打ち消すことができると考えられてきました。導師が水を洒ぐことで故人の煩悩が消滅する。そのような意味も洒水の儀式には含まれているのですね。

透明に澄んだ水は浄らかさの象徴。人に対してだけでなく、大きな法要の際に本堂などを浄める儀式としても洒水は行われます。水を撒くことでその場が浄らかな空間になる。仏教では水というものを、そのような浄らかな存在の象徴として考えているのです。

洒水器《しゃすいき》

洒水に用いる水を収めておくための器。多くは銅製となっており、蓋つきの碗《わん》に高台がついている。

洒水枝《しゃすいし》

洒水器の中の水を撒《ま》くために用いる、葉のついた枝。枝の部分には白紙などを巻き、その上から細く切った赤や金やグレーなどの色紙を斜めに巻きつけておく。先端には松葉が差し込まれている。

授戒

【じゅかい】

十六条の　約束事

あらゆる戒《かい》の根本には
仏法僧《ぶっぽうそう》への帰依《きえ》がある。
三宝《さんぼう》に帰依する戒がある。

剃髪と懺悔、そして洒水の儀式を経たことで、故人の身と心は浄らかなものとなりました。これで故人に、仏弟子として生きる上での指針となる「戒《かい》」を授ける準備が整ったことになります。

これまでに何度か述べてきたことではありますが、葬儀とは故人を仏弟子にし、迷いや苦しみから解き放たれたお釈迦さまの悟りの世界へと送るための式です。したがって、仏弟子となるために戒を授かる儀式、つまりここで述べる授戒が、葬儀のなかで肝といえる重要な儀式となります。この戒を授かることで、故人は正式に仏弟子となることができるのです。

仏教における戒とは、一般社会でいうところの法律・規則とは性格が異なります。何かをしてはいけないという罰則規定のようなものだろうと思われている方も多いですが、そうではありません。自らを律するための生活（行動）指針、といえばよいでしょうか。つまり戒とは、他から禁止されるものではなく、自分で自分を戒《いまし》めるものなのです。

戒にふれた行いをしてしまうと、結局は自分が苦しむことになる。だからそのような行いはしない。「してはいけない」のではなく、あくまでも「しない」。定められたことだから守るのではなく、自分で自分を戒める自《じ》戒《かい》であることが、仏教における戒の考えかたです。

故人が授かる戒は全部で十六条あります。そのうち、必ずはじめに三帰《さんき》戒《かい》とよばれる三条の戒を授かります。この三帰戒が、戒全体の根本に位置づけられているからです。

生前授戒《せいぜんじゅかい》

授戒は、仏さまの教えを心の依りどころとして生きていくために修するものであるため、亡くなったあとではなく、生前に修することもできます。生きているうちに授戒を行い、一人ひとりが自分の生きかたを見つめ、この一度きりの人生を人間らしく、また自分らしく、心安らかに生きていただきたい。そのような願いから、大本山永平寺や大本山總持寺などでは、毎年7日間にわたる授戒会《じゅかいえ》（生前授戒）が開かれています。葬儀における授戒は、故人を仏弟子にするための出家授戒《しゅっけじゅかい》ですが、授戒会で行われるのは在家《ざいけ》授戒《じゅかい》とよばれるものです。僧侶になるわけではありません。生前に戒を授かることで、「生きる」という人間にとってもっとも根本的な問題についての指針を得ることが、生前授戒の最大の眼目だといえます。授戒について詳細をお知りになりたい場合は、両大本山や菩提寺へお訊ねください。

三帰戒

南《な》無《む》帰《き》依《え》仏《ぶつ》　〈お釈迦さまは真理を説く師であるから、心の依《よ》りどころとする〉

南《な》無《む》帰《き》依《え》法《ほう》　〈その教えは優れた薬のようであるから、心の依りどころとする〉

南《な》無《む》帰《き》依《え》僧《そう》　〈教えを実践する仲間は勝《すぐ》れた友であるから、心の依りどころとする〉

「仏（お釈迦さま）」「法（真理の教え）」「僧（教えを実践する仲間）」の三つを合わせて、三宝《さんぼう》（仏《ぶつ》法《ぽう》僧《そう》）といいます。この三宝を心の依りどころとすることが、故人が授かる最初の戒にして、仏弟子が守るべきすべての戒の根本となっているのです。

次に授かる戒は三聚浄戒《さんじゅじょうかい》。ここでも三条の戒を授かります。

三聚浄戒

第一　摂《しょう》律《りつ》儀《ぎ》戒《かい》　〈一切の悪事を行わない〉

第二　摂《しょう》善《ぜん》法《ぼう》戒《かい》　〈すすんで善行に努める〉

第三　摂《しょう》衆《しゅ》生《じょう》戒《かい》　〈他者のために行動する〉

第一、第二は自らが悟りを求める行いであるのに対し、第三は人々を助けようとする行いになります。仏教では自分だけの利益《りやく》を求めて他者の利益を求めない行いを是とせず、自分と他者とを隔てることなく、あまねく人々を救おうとする者を、仏や菩薩《ぼさつ》とよんで称賛します。故人が歩む道の

戒尺《かいしゃく》

二つの長方形の木片を打ち合わせて音を出す仏具。葬儀や授戒会など、戒を授ける際に用いる。故人が戒を守るよう、覚悟の念を生じさせるために打ち合わされる。また、法要を円滑に進行するための調子をとる機能も含んでおり、戒尺の音に声を合わせて偈文《げもん》を唱えたりもする。

先にあるのは仏さまの世界ですから、自分と他者、どちらの利益も目指す戒を授かるというわけですね。

さらに故人には、続いて十重禁戒《じゅうじゅうきんかい》とよばれる戒が授けられます。これは仏弟子たる者が守っていくべき行為を示した十条の戒です。

十重禁戒

第一　不《ふ》殺《せっ》生《しょう》戒《かい》　〈いたずらに生き物を殺さない〉
第二　不《ふ》偸《ちゅう》盗《とう》戒《かい》　〈人のものを盗まない〉
第三　不《ふ》貪《とん》淫《いん》戒《かい》　〈淫欲《いんよく》を貪らない〉
第四　不《ふ》妄《もう》語《ご》戒《かい》　〈騙《だま》したり嘘をつかない〉
第五　不《ふ》酤《こ》酒《しゅ》戒《かい》　〈酒に溺れない〉
第六　不《ふ》説《せっ》過《か》戒《かい》　〈人の過ちを責めたてない〉
第七　不《ふ》自《じ》讃《さん》毀《き》他《た》戒《かい》　〈慢心をもったり人をけなしたりしない〉
第八　不《ふ》慳《けん》法《ほう》財《ざい》戒《かい》　〈人のためになるものを施すことを惜しまない〉
第九　不《ふ》瞋《しん》恚《い》戒《かい》　〈怒りで我を失ったりしない〉
第十　不《ふ》謗《ぼう》三《さん》宝《ぼう》戒《かい》　〈仏法僧の三宝を誇《そし》らない〉

以上、三帰戒（三条）、三聚浄戒（三条）、十重禁戒（十条）を合わせた十六条戒が、自らを律するための生活（行動）指針、戒となります。

戒の語源「尸《し》羅《ら》」

戒とは、サンスクリット語の「シーラ（音訳すると尸羅）」を意訳した言葉です。この「シーラ」という言葉、もとは「しばしば行う・習慣・性格」といった意味の言葉でした。つまり「善いことをしていると、やがてそれが習慣となって、意識せずとも善い行いをするようになり、そのような性格の人物となる」というのが、「シーラ」の本来の意味です。仏教における善い人生とは、善を積む人生にほかなりません。戒を授かる目的は、善い人生を歩むためであるといえます。罰則規定ではなく生活（行動）指針であるという意味も、戒の語源を知ると理解しやすいのではないでしょうか。

戒名

【かいみょう】

授く名前は　仏弟子の証《あか》し

授戒により、故人は正式に仏弟子となったことが認められました。そして仏弟子となった者には、その証しとして二つのものが授与されます。その一つが戒名《かいみょう》です。

戒名というと、世間では亡くなった方につけられる名前、つまり死者の名前であると思われがちですが、これは正しくありません。戒名とは、お釈迦さまの教えを依りどころとして生きていく人に授けられる「仏弟子の証し」としての名前です。新しい命を授かった赤子に、親が頭を悩ませながら将来を願って名前を授けるように、仏弟子としての新しい命を授かった故人にも、授戒の師である導師から新しい名前が授けられるのです。

ところで、これまでにお釈迦さまという言葉を何度も用いてきましたが、お釈迦さまという名前もじつは本名ではありません。お釈迦さまがまだシャカ国の王子として暮らしていたころの俗名《ぞくみょう》は、ゴータマ＝シッダールタ。これがお釈迦さまの本名です。そして出家をして悟りを開いたあとは、尊敬の念を込めてブッダとよばれるようになりました。ブッダとは「(真理に)目覚めた者」という意味です。また、シャカ国の出身であったことから、シャカムニ＝ブッダとよばれることも。これに漢字をあてはめれば釈迦牟尼仏《しゃかむにぶつ》となります。

どの名前でよんでも意味する人物はお釈迦さまただ一人。したがって、本書ではお釈迦さまという名前を用いています。

戒名は故人の師となる導師より授けられる名前ですから、自分でつけるものではありません。また途中で変えることもできません。「戒名を自分で決める」といった話を耳にすることもありますが、それは死者の名前にはなっても、戒を授かった「仏弟子の証し」としての名前である戒名には、決してなり得ないのです。

院号《いんごう》

曹洞宗の戒名は通常、道号《どうごう》と戒名と位階《いかい》を合わせた六文字で構成されますが、場合によっては道号の上に○○院という称号が加贈されることがあります。これを院号といいます。院号とは、寺院を建立するというような多大な寄進をいただいた方や、菩提寺や社会に大変貢献された方に授けられる称号ですが、もともとは上皇の御所につけられていた呼称でした。つまり、上皇が居住していた建物を指して○○院とよんでいたものが、やがて上皇自身の尊称として「○○院さま」のように用いられるようになり、死後、そのような人物の戒名に院号が盛り込まれることとなったのです。これが院号の起源と考えられています。時代が下るにつれて、院号は貴族の戒名にも冠されるようになり、それがやがて一般にも使用されるようになりました。

それともう一つ、戒名についてよく誤解されていることがあります。それは、故人に授けられた名前のなかで、戒名にあたるのは二文字だけだということ。一般的に、左の例のような戒名を授かった場合、六文字全部か、または上の四文字が戒名なのだと思われがちです。しかし、正確にはそうではありません。

永月　道号《どうごう》
志照　戒名《かいみょう》（法号《ほうごう》）
大姉　位階《いかい》（位号《いごう》）

例でいうと、戒名にあたるのは中央の二文字「志照」だけです。その上にある二文字、例でいうところの「永月」は道号とよばれるものになります。

道号とはもともと、当人が得たところの仏道の境地を漢字で表現し、名前としたものでした。しかし後世においては、相手の実名をよぶことが失礼にあたるとした考えから、実名を避けた呼び名、いわゆる字《あざな》と同義として用いられるようになります。地名や山名などがそのまま道号として用いられることもあり、山や谷や堂といった具体的な物象を表す文字が用いられる場合も多いものです。

戒名の下の二文字は位階といって、故人に授けられる称号のようなものになります。また、戒名で用いられる名前の読みかたは、基本的にはすべて音読みとなります。

このように、故人に授けられる名前は道号・戒名・位階とに分かれますが、一般的にはそれらを総称して戒名とよんでいるのです。

新帰元《しんきげん》

位牌の一番上には「新帰元」という語が書かれていることがあります。これは戒名の一部ではありません。故人が無常のこの世を去り、万物が生まれ滅する本元《ほんげん》へと新たに帰ることを意味する言葉です。ほかにも「新帰真《しんきしん》」「新物故《しんもつこ》」「新帰源《しんきげん》」「新帰去《しんきこ》」「新還本《しんげんぽん》」「新順去《しんじゅんこ》」などと書かれる場合もありますが、基本的にはすべて同様の意味で書かれています。

その名前には
感謝が込められている。
その名前には
人生が込められている。
その名前には
仏法が込められている。

位牌に書したこの戒名を
故人に授く。

血脈

【けちみゃく】

迦さまからつながる　教えの朱糸

毘婆尸仏大和尚
尸棄仏大和尚
毘舎浮仏大和尚
拘留孫仏大和尚
拘那含牟尼仏大和尚
迦葉仏大和尚
釈迦牟尼仏大和尚
摩訶迦葉大和尚
阿難陀大和尚
商那和修大和尚
優婆毱多大和尚
提多迦大和尚
弥遮迦大和尚
婆須蜜大和尚

一本の朱糸。
それはお釈迦さまの教えが
故人のもとへと伝わった証し。
二五〇〇年の時のなかを
途絶えさせることなくつなぎ続けた
仏弟子たちの系譜。

仏陀難提大和尚
伏駄蜜多大和尚
婆栗湿縛大和尚
富那夜奢大和尚
阿那菩底大和尚
迦毘摩羅大和尚
那伽閼剌樹那大和尚
迦那提婆大和尚
羅睺羅多大和尚
僧伽難提大和尚
迦耶舎多大和尚
鳩摩羅多大和尚
闍夜多大和尚
婆修盤頭大和尚
摩拏羅大和尚
鶴勒那大和尚

血脈【けちみゃく】

仏弟子となった証しに導師から授与されるものは、戒名のほかにもう一つあります。それが血脈《けちみゃく》です。

血脈とは、畳半畳《たたみはんじょう》ほどの大きな一枚の紙に、お釈迦さまから始まり、インド・中国・日本と、仏法を受け継いできた歴代の祖師《そし》の名前がすべて列記された、いわば伝法《でんぽう》の歴史書。そのなかには、お釈迦さまから法を継いだ摩訶《まか》迦葉《かしょう》さま、インドから中国に法を伝えた達磨《だるま》さま、私たちが両祖《りょうそ》と仰ぐ道元禅師と瑩山禅師を含め、故人の師となる導師にお釈迦さまの法が伝わるまでの、すべての祖師の名前が綴《つづ》られています。そして伝法の師となる導師の名前の次に、故人の名前が書き記されているのです。

師から弟子に。その弟子がやがて師になり、次の弟子に。仏法が次の者に受け継がれるたび、血脈には新たな名前が一つずつ増えていきました。そして血脈に記された一つひとつの名前を結ぶのは、一本の朱《あか》い線。血を意味するこの朱い線で結ばれることによって、お釈迦さまの教えが途切れることなく脈々と受け継がれて、自分のもとまでやってきたことが証明されているのです。朱い線を辿っていけば、やがてお釈迦さまのもとに辿り着く。そして仏弟子となった故人には、お釈迦さまの教えの血が伝わっているのです。

そのような大切なものであるなら、一度血脈の中を見てみたいと、遺族の方なら思われるかもしれません。しかし残念ながら、血脈を開いて中を

師子菩提大和尚
婆舎斯多大和尚
不如密多大和尚
般若多羅大和尚
菩提達磨大和尚
大祖慧可大和尚
鑑智僧璨大和尚
大医道信大和尚
大満弘忍大和尚
大鑑慧能大和尚
青原行思大和尚
石頭希遷大和尚
薬山惟儼大和尚
雲巌曇晟大和尚

血脈《けちみゃく》

見ることはできません。血脈は師と弟子のあいだでしか見ることが許されないものだからです。また、葬儀における血脈は、故人の名前を記したあと、十センチ角ほどの大きさに折り畳まれてしまいます。そして二度と開かれることなく、ほとんどの場合は出棺の際に棺に納められ火葬されるか、納骨の際に遺骨とともに墓地に納められます。したがって通常は、血脈が開かれることはありません。

導師は血脈を故人に授けると、葬儀のなかで次の言葉を唱えます。これは曹洞宗の葬儀を考える上で、非常に大切な言葉でもあります。

衆生仏戒《しゅじょうぶっかい》を受《う》くれば、即《すなわ》ち諸仏《しょぶつ》の位《くらい》に入《い》る、
位大覚《くらいだいがく》に同《おな》じうし已《おわ》る、真《まこと》に是《こ》れ諸仏《しょぶつ》の子《みこ》なりと。

「人は戒を受けることで仏弟子となる。仏弟子となり、仏さまの大切な子となるのである」。このような意味の言葉となります。戒を受けて、仏弟子となった証しである戒名と血脈を授かったあと、導師が朗々《ろうろう》と読みあげるこの言葉によって、故人が迷いや苦しみから解き放たれ、お釈迦さまのもとへ歩み始めたことが、葬儀のなかで宣言されるのです。

五十七仏《ごじゅうしちぶつ》

お釈迦さま以前の仏さまから始まり、お釈迦さま・インドの祖師・中国の祖師を経て、道元禅師に仏法が伝わるまで、つまり道元禅師の師である如浄《にょじょう》禅師までの名前を連ねた歴代祖師の総称。

洞山良价大和尚
雲居道膺大和尚
同安道丕大和尚
同安観志大和尚
梁山縁観大和尚
大陽警玄大和尚
投子義青大和尚
芙蓉道楷大和尚
丹霞子淳大和尚
長蘆清了大和尚
天童宗珏大和尚
雪竇智鑑大和尚
天童如浄大和尚

鼓鈸【くはつ】

旅立ちに奏でる　荘厳の調べ

華やかに　厳かに。
供養の音色を響かせる。

鼓鈸

鼓鈸【くはつ】

曹洞宗の葬儀において、もっとも一般の方々の印象に残っている仏事は、もしかしたらこの鼓鈸《くはつ》かもしれません。「曹洞宗のお葬式」という言葉では頭にイメージが浮かばない方に対しても、「チン・ドン・ジャランのお葬式」といえば伝わることがあるくらいですから。

全国すべての地域で、曹洞宗の葬儀に鼓鈸が用いられているわけではありません。それでも、荘厳な響きをもたらす鼓鈸を葬儀のなかで使用している地域は多いようです。

チンは引磬《いんきん》、ドンは鼓《く》、ジャランは鐃鈸《にょうはち》をそれぞれ鳴らしたときの音ですが、お釈迦さまが亡くなられた際にも多くの人々によって音楽が奏でられていたことが経典に記されています。

たとえば『大パリニッバーナ経』という経典には、お釈迦さまの遺体はクシナーラーという土地に住んでいたマッラ族によって丁重に供養がなされ、その際には舞踊・歌謡・音楽などが用いられたことが述べられています。また『大般涅槃経《だいはつねはんぎょう》』には、お釈迦さまが荼毘《だび》に付されたあと、お釈迦さまの遺骨に対して妙《たえ》なる音楽を用いて供養がなされたことが述べられており、さらに『長阿含遊行経《じょうあごんゆぎょうきょう》』においても、伎楽《ぎがく》をもって供養がなされたことが記されています。このようなことから、鼓鈸は音楽供養ともよばれています。

音楽を用いたお釈迦さまの荼毘供養において、一体どのような楽器が使用されていたのかについては、はっきりとしたことはわかっていません。

引磬《いんきん》

携帯用の鳴らし物の一種。甲乙の二種に分かれており、大きな法要の際には対で使用する。また、甲乙には音色に高低の違いがある。導師を先導する際や、僧侶全体に動作の合図を送る際に鳴らされることが多い。

ただ『法華経《ほけきょう》』には、古代インドで用いられていた楽器として「琵琶《びわ》・鐃《にょう》・銅《どう》鈸《はつ》」といった記述がありますので、現在用いられている鐃鈸に似ている楽器があった可能性も十分に考えられます。供養の際に音楽を奏でるという方法も、後世にできた形態ではなく、お釈迦さまの故事にちなんだものなのですね。

現代の葬儀では、故人を仏さまの世界へ導くためのお経である『大宝楼閣《だいほうろうかく》善住秘密根本陀羅尼《ぜんじゅうひみつこんぽんだらに》』の前後などに鼓鈸を鳴らします。間隔をあけてゆるやかに打ち出し、しだいにその間隔を縮めて急調へと移行する音律。厳かな調べによって諸々《もろもろ》の仏さまや菩薩さまを葬儀場にお招きし、故人を仏さまの世界へ導く道案内を託し、その成仏を願いながら送り出すために鼓鈸は鳴らされているのです。

鼓鈸は故人と葬儀に集った方々がともに聴く、最後の音楽でもあります。そしてその音楽は、故人を華やかに厳かに送り出すための、大切な供養でもあるのです。

鐃鈸《にょうはち》

銅などの金属で作られた円盤型の鳴らし物。単に鈸《はつ》ともいう。鐃と鈸は本来別の鳴らし物であり、鐃は軍隊で用いられていた大きな鈴のような楽器を指す。それが小さな鈸と似た形をしていたため、いつからか両者は混同され、一つの言葉になったといわれている。

鼓《く》

打楽器の一種であり、広義には太鼓全般を指す。修行道場では、法要・作務《さむ》（掃除や仕事）・行鉢《ぎょうはつ》（食事）の始まりを知らせたり、その進行を円滑にしたりするために途中で打ち鳴らされる。また、時計の代わりを果たすものとして、時刻を報じる際にも用いられる。

読経

【どきょう】

唱えし功徳　故人のもとへ

木魚《もくぎょ》の拍《はく》に
声を合わせ
祈りを込めて
経文を唱える。

善き行いは廻りめぐって
故人に届く。

読経

読経【どきょう】

故人を棺に納めるとき、棺を安置するとき、棺を皆で担ぎ故人の成仏を願うとき。それら一つひとつの場面でお経を唱えることにより、お釈迦さまの教えを故人に伝え、安らかな旅立ちを願います。

お経には、お釈迦さまや祖師方の教えが説かれています。人はどう生きればいいのか。なぜ苦しみを抱くのか。そのような問いに対する仏教の智慧を、お経から学ぶことができます。

ただし、葬儀での読経《どきょう》は、必ずしもそのような勉学の意味合いで唱えられているわけではありません。読経自体が尊いものであり、故人の供養となり得るからこそ、お経を唱えているのです。

お釈迦さまが法を説くことを決心されたとき、その心にあったのは、いつまでも心に苦しみを抱き続けてしまう人々を救いたいという、慈悲《じひ》の想いであったといわれています。つまりお経とは、人々を救いたいというお釈迦さまの願いが込められた、優しい祈りの言葉でもあるのです。たとえ意味がわからなくても、読経を聴くと不思議と心が落ち着くのは、お経の意味ではなく、お釈迦さまの心が私たちの心に届いているからではないでしょうか。

葬儀で唱えるお経のうち、遺族や会葬者の方々が焼香をする際のお経は、各寺院によって異なります。それ以外の場面で唱えるお経は、ほぼ共通していますので次にご紹介します。

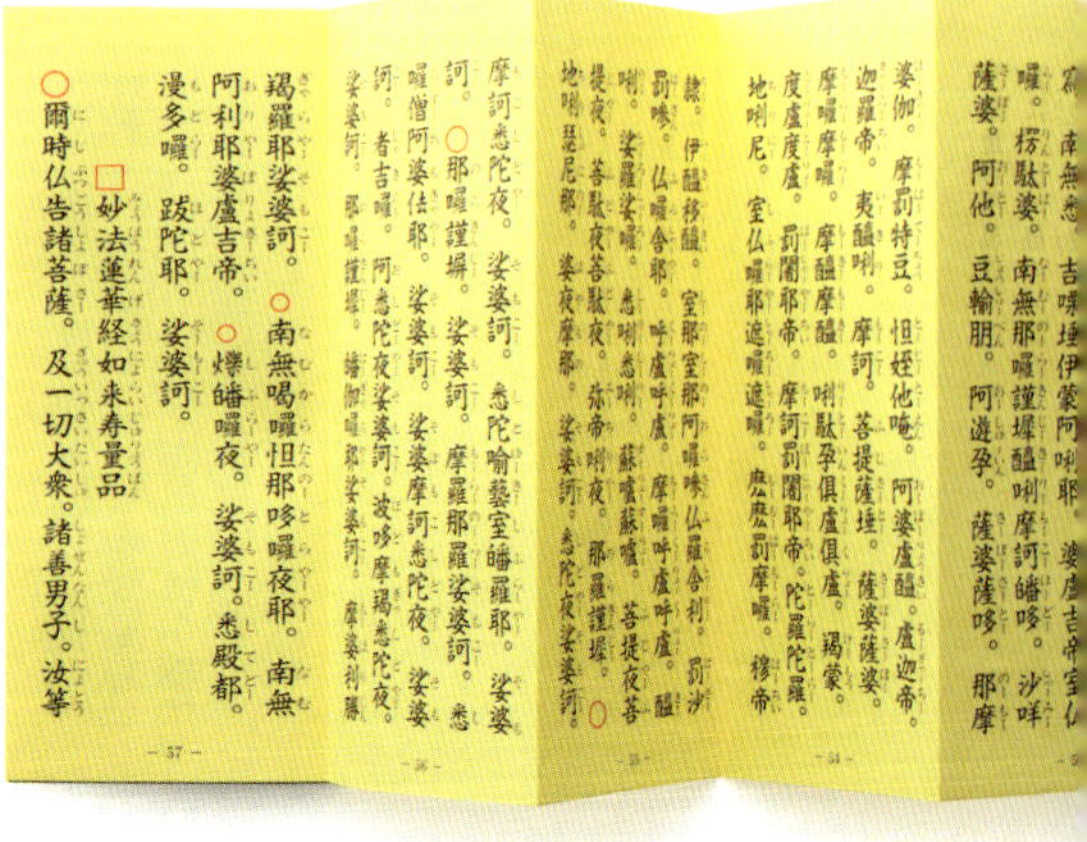

経本《きょうほん》

陀羅尼《だらに》

多くのお経は、インドから中国に伝わった際に漢訳（意訳）され、漢字の発音で読まれることになりました。しかし、なかには意味を漢字に訳すことをあえてせずに、インドの古い言語であるサンスクリット語のままの発音で読むよう、音訳されたお経があります。それが陀羅尼とよばれる経典類です。漢字に意訳しない理由はいくつかありますが、総じていえることは、原語には呪術的な力が宿っており、原語そのままの音で読むことで功徳を得られるお経だと考えられているためです。

大悲心陀羅尼《だいひしんだらに》

陀羅尼《だらに》とよばれる、意訳ではなく音訳された経典の一つ。千手千眼観世《せんじゅせんげんかんぜ》音菩薩《おんぼさつ》さまが人々を救ってくださる功徳を讃えたお経です。

略三宝《りゃくさんぼう》

お経の区切り、仏事の区切りの際などに唱える短いお経。仏法僧の三宝を讃えるもので、僧侶は必ず合掌をして唱えます。皆さまもぜひ一緒にお唱えいたしましょう。

十《じー》方《ほー》三《さん》世《しー》一《いー》切《しー》仏《ふー》 〈あらゆる仏さまに導かれ〉――仏宝《ぶっぽう》

諸《しー》尊《そん》菩《ぶー》薩《さー》摩《もー》訶《こー》薩《さー》 〈あらゆる尊い方々に助けられ〉――僧宝《そうぼう》

摩《もー》訶《こー》般《ほー》若《じゃー》波《ほー》羅《ろー》蜜《みー》 〈悟りの岸に渡りましょう〉――法宝《ほうぼう》

十仏名《じゅうぶつみょう》

葬儀場にお招きをした、諸々の仏さまの名前をお唱えします。故人が無事に成仏できるよう、仏さまの加護《かご》を願い、故人の修行の道案内を託します。

舎利礼文《しゃりらいもん》

お釈迦さまの遺骨を一心に礼拝するお経です。

大宝楼閣善住秘密根本陀羅尼《だいほうろうかくぜんじゅうひみつこんぽんだらに》

お釈迦さまの悟りの世界へと続く道が開かれるように祈る陀羅尼のお経です。

行道《ぎょうどう》(遶行《にょうぎょう》)

法要などでの読経には、坐《すわ》って唱える場合や立って唱える場合のほかに、歩きながら唱える場合があります。このように読経をしながら堂内を廻ることを行道といいます。古代インドでは相手に敬意を表す方法として、その人物の周囲を、右肩を内側にして回るという作法がありました。お釈迦さまの葬儀に際しても、そのような方法で敬意が示されたことが経典に記されています。僧侶が列をつくって堂内を歩きながら読経する行道は、このような古代インドの作法の名残だと考えられています。

野辺送り【のべおくり】

自然に抱かれ　自然に還りゆく

野を吹く風に
土草が香る。
そよぐ枝葉をすり抜けた陽光は
千々の木漏れ日となって
大地に輝く。
故人とともに　この道をゆく。

野辺送り

野辺送り

【のべおくり】

昔は火葬場という施設がありませんでしたので、故人を納めた棺は埋葬地である村落の野辺《のべ》（村落の周辺部等）へと運ばれていました。そこで導師が作法に則って点火し、故人を丁重に火葬、もしくは土葬していたのです。そのため遺族や会葬者は、故人の自宅や寺院などで授戒の仏事までを終えたあと、皆で野辺まで列になって歩きました。このような葬列を組んで故人を野辺まで送る仏事を、野辺送《のべおく》りといいます。

以前はどの地域でも一般的に行われていた野辺送りですが、現在はほとんど目にする機会がなくなりました。大変な労力と時間を要する野辺送りの代わりを果たすものとして、火葬場、霊柩車が登場したことが最大の理由でしょう。

しかしながら、故人を仏弟子にする授戒までを自宅などで行い、それ以降の仏事は野辺で行うという、二つの場所にわたって行われてきた葬儀本来の形態を軽んじることはできません。そのため現在の葬儀では、多くの場合、式中に野辺送りの仏事を何らかの形で組み込むという方法がとられるようになっています。

その一つが、葬儀のなかで野辺送りが行われる頃合いになると、導師が祭壇《さいだん》の前から役僧の後ろへと席を移動するというもの。これを転座《てんざ》といいます。導師が席を移ることで儀式を行う場所が変わったことを表し、葬儀のなかに野辺送りの仏事を象徴として組み込んだのです。

また、導師や役僧、そして会葬者全員が一度立ちあがることで野辺送りを表している地域も存在します。野辺送り以降の仏事はすべて外で行われていましたので、基本的に座って仏事を行うということはありませんでした。立ちあがるとは、本来は外で行われていたものであることを意味しています。

葬儀全般についていえることですが、野辺送りもまた例外ではなく、地域によって多様な形態をしています。したがって正式な野辺送りの形態というものが存在するわけではありません。ただそれでも、実際に行われていた野辺送りの風習をそれぞれ比較してみれば、いくつか共通している部分もみられます。そのような野辺送りの平均的な形態の一例を、次に述べてみたいと思います。

まず葬列の先頭は提灯《ちょうちん》を持った方が歩き、皆の先導役となります。これは葬列の道案内人であるとともに、故人が歩むべき道を照らす灯りであり、また火による厄払い、さらには火葬の際の火種としての役割も担っていました。その後ろには花籠《はなかご》を持った方が歩き、花びらや紙吹雪、あるいは小銭などを撒くことで道を浄めました。龍頭《たつがしら》とよばれる紙で作った龍の頭を持つ場合、この方も葬列の前方を歩きます。

その後ろには導師、そして役僧が、引磬《いんきん》・鼓《く》・鐃鈸《にょうはち》を鳴らしながら続きます。導師の頭上には、赤傘がさされることもありました。シカバナという白い紙で作られた花を持つ方も、僧侶の前後あたりを歩いていたようです。シカバナは「紙華」「四華」「死華」とも書かれますが、これはお釈迦さまが亡くなられた際に、沙羅双樹《さらそうじゅ》が白色に変じたという故事になぞらえたもの。双樹であったことから、二本一対で用いられることが多いようです。

故人の棺は葬列の中央から後方あたりで御輿《みこし》によって担がれていました。担ぎ手は近親者の男衆。これはお釈迦さまが亡くなられたとき、その体を担いだのが常にお釈迦さまの身近にいた親しい弟子たちであったことに由来しています。棺の上方には、故人の棺を覆うよう

に、竿の先から天蓋《てんがい》をつり下げもしました。導師の頭上にさされる赤傘と同様の意味合いで、故人を日差しから守り敬うものになります。棺のすぐ前後には喪主や遺族が歩く場合が多く、その方々はそれぞれ位牌《いはい》、遺影《いえい》、骨壷《こつぼ》などを手に持って歩きました。

棺の前後には、白布に偈文《げもん》を書いた無常偈幡《むじょうげばた》を持つ方が四名、棺や遺族を囲うように位置します。これは結界《けっかい》の意味を含んでおり、棺に悪霊が近づかないようにとの意図が込められていました。葬列の一番後ろに続く方々は、生花や白布を手に持って歩くことも多かったようです。

野辺送りとはこのように、様々な役を担った方が葬列を組み、故人を野辺まで歩いて送る丁重な仏事です。故人を納めた棺がゆくその道すがらを厳かなものにし、一人ひとりが足を踏みしめて歩き故人を送ることは、故人の尊厳を大変尊重することでもあります。

効率だけを考えれば霊柩車とバスに乗って火葬場へ向かうほうが早くて楽なのは当然です。しかし、得るものがあればまたそれと同等に、失うものがあるということも忘れてはなりません。得たものは何で、失ったものは何なのか。野辺送りという日本古来の奥ゆかしい風習には、それでなければ表すことのできない情景があったことでしょう。

引導

【いんどう】

迷いなき一歩を

踏み出すために

導師は法語《ほうご》に心魂を傾ける。
故人が道に迷わぬよう
進むべき道を
真っすぐ照らし出すために。
喝

引導【いんどう】

葬儀のなかで、象徴としての野辺送りが行われたということは、葬列が火葬(土葬)地へと移動し、葬儀を執り行う場所が変わったことを意味します。野辺送りの次に行われる引導《いんどう》の仏事は、火葬の点火(土葬の鍬《くわ》入れ)の仏事でもありますので、当然ながら火葬地や土葬地でなければできませんでした。導師はそこで故人に引導を渡し、火葬であれば棺に火を点《つ》ける作法を、土葬であれば土を掘る鍬入れの作法を行っていたのです。

曹洞宗の葬儀において、十六条戒を授与する授戒が重要な仏事であることは前述の通りですが、それと同等に重要となるのがこの引導です。授戒が故人をお釈迦さまの弟子にする仏事であったのに対し、引導は故人をお釈迦さまの悟りの世界へと送り出す仏事になります。授戒と引導。この二つの仏事が葬儀の根幹をなしていると考えてよいでしょう。

葬儀における引導では、はじめに導師が役僧の一人から炬火《たいまつ》を受取り、虚空に円を描いて点火の作法を行います。土葬であれば炬火ではなく土を掘り起こす鍬が用いられ、点火ではなく鍬入れの作法が行われます。切れ目がなく始まりも終わりもない円は、仏教における究極の形。生と死は別々のものではない。生と死は本来一つのものである。そのようなお釈迦さまの教えが、この円には表されています。

棺に火を点ける作法、あるいは鍬入れの作法が終わると、導師は手に持っている払子《ほっす》という仏具を厳かに振り払います。そして故人が仏さまの

払子《ほっす》

法要の際に導師が手に持つ仏具。獣毛・綿・麻・樹皮などを束ね、柄と飾り紐がつけられている。本来は「蚊子《ぶんす》を払うもの」の意で、殺生を行わないインドの原始仏教教団において、蚊などの虫を追い払うために用いられていた。それが中国に伝播《でんぱ》したあとに意味合いが変わり、払子は説法や法要の際に使用する仏具として用いられるようになった。

世界へと向かう道の途中で迷うことなく、修行の道をまっすぐに歩むことができるよう、激励の言葉を述べて故人を導くのです。この言葉を法語《ほうご》といいます。

法語では、故人の生前の功績が讃えられるとともに、お釈迦さまや祖師方の教えが説かれ、故人が歩むべき仏道修行の在りかたが示されます。こうして導師は、炬火や鍬、そして言葉を用い、全身全霊を込めて故人を悩みや迷い、苦しみから解き放たれた安楽の境地へと導くのです。

また法語には、導師がひときわ大きな声で一語を発する瞬間があります。これは禅宗に古くから存在する、一字関《いちじかん》とよばれる言葉です。一字関とは、弟子自身が真理に気づくように、師が端的に一語でもって弟子を叱ったり、励ましたり、気づかせたりする言葉であり、そのようにして真理を諭《さと》す教えを意味します。また「関」とは関所のことであり、その一語で迷いの関所を抜けて悟りの境地へ導くことを表しています。禅宗に古くから伝わる一字関の伝統は、現代の葬儀においても継承されており、故人をお釈迦さまのもとへ導くために、わずか一語で禅の要旨を説き明かす一字関が発せられているのです。

一字関に用いられる代表的な一語を、次に四つご紹介します。

「喝《かつ》」〈叱ることで激励する〉

「露《ろ》」〈真理は目の前にあらわれている〉

「咦《いい》」〈誤った考えを笑い飛ばす〉

「咄《とう》」〈「喝」と同様の意味〉

炬火《たいまつ》

点火の作法

導師は炬火を手に取ると、円を描くように炬火を動かします。この点火の作法は、お釈迦さまが亡くなられた際の、次のような伝承がもとになっています。
お釈迦さまの葬儀のなかで、いよいよ荼毘《だび》の火が点けられる頃合いとなり、マッラ族の首長たちが火を近づけました。しかし不思議なことに、どれだけ火を近づけても薪《まき》が燃えません。するとそこへ摩訶《まか》迦葉尊者《かしょうそんじゃ》が駆けつけ、お釈迦さまの遺体の周囲を三度回り、丁重に礼拝をしました。すると、今まで何度火をつけようとしても燃えなかった薪が、自然に燃え出したのでした。(『大パリニッバーナ経』)

弔辞

【ちょうじ】

感謝を込めて　贐《はなむけ》の言葉を

悲しみを　一綴りの言葉にしたためる。
感謝と励ましを添えて
最後の手紙を捧げる。

遺族からの要望などによって、生前に故人との交友が深かった方などが、故人に惜別と悲哀の言葉を奉読することを弔辞《ちょうじ》（弔詞《ちょうし》）といいます。「弔」という文字の意味は、「人の死を悲しむ」。したがって弔辞の文面は、故人の死を悼み、生前中の人柄や功績などを讃え、遺族の心中を察し、その心に寄り添うような内容であることがふさわしいといえるでしょう。

弔辞は奉書紙《ほうしょし》か巻紙に毛筆で書くのが正式です。その際、墨を薄墨《うすずみ》にしたほうがよいとされる理由は、故人の死を悲しむあまり涙がこぼれ落ち、墨が薄まってしまったという深意を含ませるため。これは香奠《こうでん》などを書く際にも共通してみられる礼儀作法です。ただし、昨今は毛筆ではなくペンを使用したり、パソコンで作成した書面を用いたりするケースも多くみられるようになりました。

文面は文語体が用いられることもありますが、多くは故人に語りかけるような口語体が用いられます。生前中、実際に故人と話していた雰囲気をそのままに綴ったほうが、聴く側にとっても当人にとっても自然に感じられるからです。気心の知れた友から急にあらたまった言葉遣《い》いで話しかけられては、故人も困惑してしまうでしょう。もちろん、故人が弔辞の奉読者にとって目上となる間柄の人物である場合は、この限りではありません。

また弔辞では、「重ね重ね」「くれぐれも」「次々」「しばしば」といった重ね言葉や、死を連想させる忌み言葉を使用しないようにします。遺族の方々に不快感を与えてしまっては元も子もないので気をつけましょう。必要以上に美辞麗句《びじれいく》を並べてしまうのも、不自然であまり好ましくはありません。飾りすぎないように、故人を追慕《ついぼ》する想いを素直に述懐《じゅっかい》することが、何よりの弔辞になるでしょう。

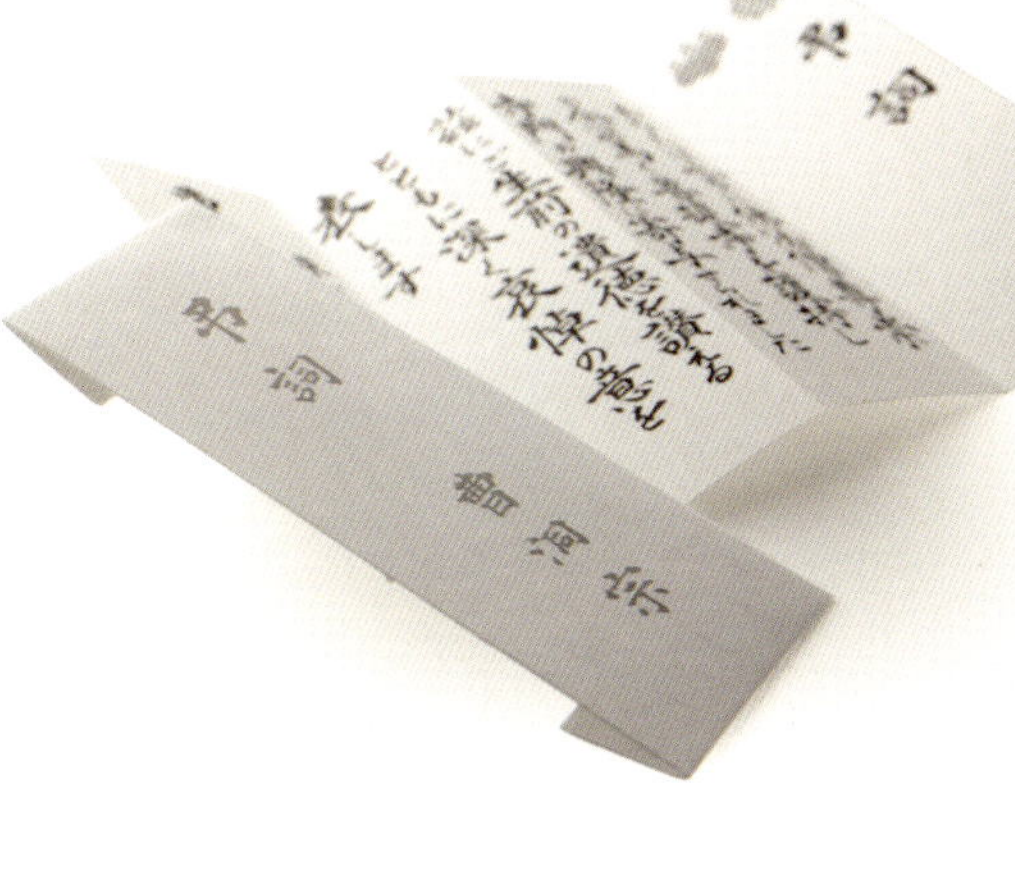

忌《い》み言葉

葬儀での挨拶や弔辞では、使用することが不適切とされる忌み言葉があります。たとえば「また」「追って」「再び」「続く」などは、死の連鎖をイメージさせてしまいますので、禁句です。「死ぬ」「死亡」「生きていたとき」といった言葉は、表現が直接的すぎて失礼にあたりますので、「ご逝去」「亡くなる」「お元気な頃」などに直しましょう。また、仏式の葬儀では「浮かばれない」「迷う」などの言葉は、成仏を妨げる言葉と受け取られることもあるため不適切です。

焼香

【しょうこう】

立ちのぼる香煙《こうえん》に　想いをのせて

縷々《るる》としてのぼり　舞い揺れ
散じ、消える。
届いたのだと　感応する。

引導と弔辞が終わると、導師は祭壇の前まで進み出て焼香《しょうこう》をします。続いて喪主・近親者より焼香が始まり、やがて会葬者焼香へと移ります。

焼香は、故人を送る葬儀に集まった、すべての方々の手によって行われる仏事であるといえます。一人ひとりが焼香をすることで、一人ひとりが故人に香の供養を施すのです。指先に一つまみした香を額の前にいただき祈りを込め、炭の上に焚《た》いて故人のもとへ届けてさしあげましょう。

仏事における香は、欠かすことのできない大切な供物《くもつ》。あらゆる法要の際に線香が供えられ、焼香がなされます。もちろん葬儀においても同様です。『大般涅槃経《だいはつねはんぎょう》』や『大パリニッバーナ経』には、お釈迦さまの葬儀の際にも香が大いに用いられたことが述べられています。

仏さまは香を好まれ、香を焚くその香りが縁となって、香が焚かれる場に降臨される。仏教にはこのような信仰もあります。それには『賢愚経《けんぐきょう》』で述べられる次のような故事が深く関係していると考えられています。

お釈迦さまの弟子であった富那奇尊者《ふなきそんじゃ》は、あるとき兄とともに栴檀《せんだん》の香木でお堂を造りました。兄弟はこのお堂へお釈迦さまをお迎えしたいと思い、香を焚いてお釈迦さまが来られることを祈願しました。すると焚かれた香の煙は風に吹かれて、お釈迦さまがいらっしゃる祇園精舎《ぎおんしょうじゃ》(雨季の修行場所)のほうへと流れていき、やがてお釈迦さまの頭上に漂いました。お釈迦さまはその香煙を見て兄弟の心を悟り、香煙をたよりにお堂へ赴き、説法をされたのでした。

香を焚くことで仏さまが降臨されるという信仰は、このような故事がもとになっているのです。

香木

材そのものに芳香を有する木を香木といいます。代表的な香木は、沈香《ちんこう》・伽羅《きゃら》・白檀《びゃくだん》の三種です。

沈香　ジンチョウゲ科の樹木。木質部に様々な外的要因が加わることで樹脂が凝固し、樹木自体が枯れていく過程で熟成されてできます。東南アジアの熱帯雨林で産出され、「水に沈む、香りのする木」ということから「沈《ちん》水香木《すいこうぼく》」(略して沈香)とよばれます。

伽羅　沈香のなかで最上の品。香気や油質の違いによって沈香のなかでも格別の芳香を放ちます。古来より生産量は少なかったですが、現在では採取が非常に困難になっているため、一層貴重となっています。

白檀　ビャクダン科の樹木。幹部の芯に香りがあるため、芯材を削り出して使用します。薬用・薫香用・彫刻工芸品・扇などにも使用され、洋の東西を問わず親しまれてきた香木です。

また、香が仏教においていかに重んじられているかは、その言葉の用いられる頻度を見ても一目瞭然。たとえば雲水《うんすい》が修行する禅寺の食事では、ご飯のことを香飯《きょうはん》、汁物は香汁《きょうじゅう》、おかずは香菜《きょうさい》、お茶は香湯《こうとう》とよぶなど、まさに「香」尽くし。

はるか昔のインドにおいても、香は仏教が生まれる以前から生活の必需品として人々に愛用されてきました。焼香して部屋を浄めたり、体に塗って体臭を消したり。実用性はもちろんのこと、それらは来客を招く際の大切な礼儀でもありました。

さらに仏教では、香を焚いたその香りによって、邪気を払い空間を浄めることができるとも考えます。つまり葬儀における焼香には、故人を清浄な仏さまとして送るという意味や、葬儀場という空間を浄らかで荘厳なものにするという意味、葬儀場に諸々の仏さまをお招きするという意味などが含まれているのです。香の効用というのは、じつに多岐に渡るのですね。故人の成仏を祈りまごころを込めて焚く香は、故人だけでなく焼香をする本人の身心をも清浄で穏やかなものへと導いてくれることでしょう。

葬儀のなかで焼香をする際に気になるのは、その作法でしょうか。どこで誰にお辞儀をすればよいのか。焼香は何回すればよいのか。そのようなことを思い煩う方もいらっしゃいます。作法は宗派や各寺院によって異なる部分もありますので、一概にまとめることは難しいかもしれませんが、標準的な曹洞宗の作法は次のようになります。

香木の伝来

595年、兵庫県の淡路島《あわじしま》に沈香の木片が漂着しました。しかし島民は、その木片が沈香であることなど知りません。拾ってほかの薪に交えて竈《かまど》で焚いてしまいます。すると辺り一帯に、まことに芳しい香りが漂いました。その香りがあまりにも強く芳しいものであったので、この木片は普通の木ではないという騒ぎになり、朝廷に献じられたのでした。『日本書紀』に記されたこのようなエピソードが、日本に香木が伝来したことを示す最古の記録となっています。

まず焼香台の前まで進み出たら、導師と故人に対して、それぞれ合掌をして丁寧に礼拝をします。次に香を一つまみし、額に押しいただいて念じ、香炉に焚きます。この焼香を「主香《しゅこう》」といいます。そしてもう一度香をつまむと、今度は額に押しいただかずに、すぐに香炉へと焚きます。この二度目の焼香を「従香《じゅうこう》」といいます。

一度目の主香は、故人へ香りを届ける供養の意味で行うものです。一方、二度目の従香は、次の焼香者まで炭が消えないように火種を保ち、香煙が立ちのぼり続けているようにするための、礼儀作法ともいえる焼香になります。ただし、実際の葬儀では、参列された会葬者が大勢であった場合、宗《しゅう》旨《し》に関わらず焼香の回数を一回でお願いすることがあります。焼香をされる方が大勢いれば、二度目の従香をしなくても次の焼香者まで火種が保っていますからね。

そして焼香を終えたあとは、最初と同じように導師と故人に対してそれぞれ合掌礼拝をし、自分の席へと戻ります。焼香の回数はよく気にされるところではありますが、焼香の目的は故人のもとへ香りを届けることですので、それほど回数を気にする必要はないでしょう。

天下第一の銘香「蘭奢待《らんじゃたい》」

日本の銘香といえば、奈良東大寺《とうだいじ》の正倉院《しょうそういん》に保管されている蘭奢待（目録名：黄熟香《おうじゅくこう》）がその最たるものでしょう。長さ156cm、重さ11.6kgにも及ぶ蘭奢待は、その名前の三文字にそれぞれ「東」「大」「寺」の文字が隠された雅名《がめい》としても有名です。東南アジア産の沈香とされ、天下第一の銘香と評されています。時の権力者らも憧れた逸品であったといわれており、足利義政《あしかがよしまさ》や織田信長《おだのぶなが》や明治天皇などが蘭奢待の一部を切り取った跡が残っています。

出棺

【しゅっかん】

皆《みな》で送り出す　故人の門出

棺を彩る別れ花。
頬を撫でれば　指先に感じた冷たさが
腕を伝って心にまで届く。
忘れることのできない　故人の冷たさ。

皆で手を携えて
ゆっくりと棺の蓋を下ろす。

出棺【しゅっかん】

会葬者が故人との別れの焼香を終えると、葬儀は閉式へと向かいます。最後に導師と役僧は席から立ちあがり、棺の中に眠る故人に対して深々と合掌礼拝し、そして退場します。これにより故人をお釈迦さまの悟りの世界へと送る葬儀は閉式となるのです。

続いて出棺《しゅっかん》に移りますが、その前に故人と最後の対面をし、別れの時間を過ごします。遺族や親族、会葬者の方々は、故人に最後の贈り物を渡してさしあげましょう。色とりどりの生花、想いを綴った手紙、家族とともに撮った写真、愛用していた品々、寺院などに参拝した際の御朱印帳、お釈迦さまのもとへ向かう旅の途中で食べるおにぎりや饅頭《まんじゅう》——。棺に納められた数々の副葬品には、のこされた方々の想いが込められています。

棺の中で眠る故人にふれたとき、その冷たさに私たちは心に何らかの思いを抱かずにはいられません。人はいつか必ず死ぬという、命の道理。あらゆるものは移り変わり無常《むじょう》であるという、存在の真理。故人の死を悼み、別れを惜しむ悲哀の念。あるいはそれらすべてを包括する、生物としての根源的な怖れでしょうか。

仏教では、人は「四大《しだい》」という四つの要素で構成されていると考えます。四つの要素とは地《ち》・水《すい》・火《か》・風《ふう》のことであり、地が肉体、水が血や水分、火が体温やエネルギー、風が呼吸に相当します。故人の冷たさにふれたとき、その身体から火の要素が抜け落ちていることを、誰もがはっきりと知るで

しょう。四大の要素はやがてすべて自然に還り、新たな命の構成要素となります。自然という広大な存在と、人という小さな存在は別々のものではない。あらゆるものは関わり合いのなかで存在している。存在というものを一つの大きな円のように考えることもまた、お釈迦さまの教えです。

故人との別れを終え、棺に蓋を下ろすと、皆で棺を担ぎ霊柩車へと乗せます。葬儀場から霊柩車へと向かうまでのわずかな道のりですが、ここでは葬列を組んで歩きます。この葬列は、野辺送りの葬列と同質のものであるからです。各々が勝手に歩くようなことはいたしません。

出棺はのこされた方々が故人と直接関わることのできる最後の時間になります。棺の蓋が下ろされるまでのわずかなひととき、故人の手を握りしめ、頬に手を添え、今まで伝えきれなかった感謝の想いを伝え、故人の安らかな旅立ちを願いましょう。

四大不調《しだいふちょう》

人間を構成する四つの要素である地・水・火・風がバランスを崩すことを、四大不調と表現することがあります。平たくいえば、病気に罹《かか》っている状態ですね。風邪をひいたときは、熱が平常よりも高くなります。水分を摂《と》らずに運動を続けると、脱水症状で倒れてしまいます。このような現象を、人間のなかの火の要素や水の要素が不調をきたしていると捉えたわけです。また、四大不調は病気ばかりでなく死を意味することもあり、その際は四大分離《しだいぶんり》と表現されることもあります。

荼毘

【だび】

現世を離れ　別れゆく時

遺影に映る面影を遺し
故人はこの世を去ってゆく。
一心に掌を合わせるのは
故人の成仏を願うがゆえ。

茶毘【だび】

亡くなった方の葬送方法として、現在の日本ではほとんどが火葬を用いています。しかし、つい数十年前までは、土葬もごく普通に行われる葬送方法でした。現在のように火葬が普及したのは、比較的最近になってからのことです。

ただし、火葬が現代的な葬送儀礼の形態かというと、そういうわけでもありません。お釈迦さまは、父親である浄飯王《じょうぼんおう》や叔母の大愛道比丘尼《だいあいどうびくに》を火葬にして弔い、またお釈迦さま自身も火葬によってその身を滅されています。火葬自体は古くから存在するのです。

故人を火葬することを、仏教では「茶毘《だび》に付す」といいます。茶毘という言葉は今では広く一般的に使用されていますので、仏教から生まれた言葉とは思わないかもしれませんね。

この茶毘という言葉、「茶」は苦しみ、「毘」は助けるという意味を含んでいます。つまり茶毘に付すとは、故人を火葬することで、苦しみから救うという意味の言葉となるのです。

葬儀が終了し、出棺して火葬場に到着すると、故人は茶毘に付されます。故人を納めた棺が火葬炉の中にゆっくりと入っていく光景を見とどけることは、その場に集った方々にとって大変に心苦しい思いに駆られる瞬間かもしれません。故人が熱いと感じるはずはない。それでも人情として、熱くはないだろうかと、そのような考えが脳裏をよぎることもあるでしょ

世界の葬送方法

国が異なれば人が異なり、文化も風土も思想も異なってきます。当然ながら亡くなった方の弔いかたも、世界中同じというわけではありません。寒い気候の国では樹木が少ないので火葬に適さず、また岩場や凍土が多いため土葬にも適しません。復活を説く宗教では、肉体が消滅する火葬を行いません。世界的にみて、火葬や土葬が葬送方法のなかで大多数の割合を占めていることは間違いありませんが、それぞれの土地には、その土地特有の葬送方法というものが存在します。

川や海などに遺体や遺骨を流して弔う水葬《すいそう》。野に遺体を安置し風雨によって自然に風化させる風葬《ふうそう》。里山などの樹木のもとに埋葬し、自然に還す樹木葬《じゅもくそう》。鳥に遺体を食べてもらい、故人の魂を空高く天まで運んでもらう鳥葬《ちょうそう》。他所から見れば驚くような方法であったとしても、その土地に生き、その社会に生き、伝統の思想を受け継いできた方々にしてみれば、至極当然な葬送方法であるのです。

う。もう二度と故人の姿にふれることはできない。この事実は、とてもつらく悲しいことです。

仏教ではあらゆる存在を、常に変化して移ろいゆく無常な存在と考えます。あらゆる存在は、今この時点ではこの姿をしているけれども、別の時点ではまた別の姿をしている。見た目にはわからなくても、刻一刻、少しずつ変化している。もちろん人も、少しずつ老いていきます。そして無常な存在であるからこそ、やがて命が尽きます。

生じたものが滅するのは、無常なる存在の理《ことわり》ともいえるでしょう。しかし無常という言葉が示すものは、単に存在が滅することだけではありません。滅したものが再び生じることも、無常であればこそ適《かな》う真理です。あらゆる存在が、姿を変えていく無常のなかにあるからこそ、自然は廻り、人は生まれることができるのです。

故人は荼毘に付されることによって、仏さまの世界へと旅立ちます。仏さまとは、お釈迦さまをはじめとする、真理に目覚めた方々を示す言葉。故人は真理に目覚めたお釈迦さまと同じ仏さまとなり、私たちを見守ってくださる尊い存在となります。それが、苦しみから救われるという、荼毘の言葉の真意でもあるのです。荼毘に付されたとしても、故人は消えてしまったわけではなく、すべてが終わってしまったのでもありません。

だから私たちは、故人が荼毘に付される瞬間、故人の身を案じつつも、ただひたすらに故人が成仏されることを願ってさしあげましょう。それが故人にとって何よりの励みになると信じて。

日本の火葬の起源

戦後の日本において急速に広まった火葬。現在はこの火葬が葬送方法の主流となっていますが、日本ではじめて火葬が行われたのはいつ頃だったのでしょう。現在までの研究によると、文献に記された日本最古の火葬は、西暦700年。法相宗《ほっそうしゅう》の開祖である道昭《どうしょう》が、遺命によって自身を弟子に火葬させたという『続日本紀《しょくにほんぎ》』の記述であるとされています。

収骨

【しゅうこつ】

故人が最後に　遺したもの

一片の遺骨を二人で拾う。
ただ故人に想いを馳せながら。

収骨《しゅうこつ》とは、火葬が終わり故人の遺骨を骨壺に納める仏事をいいます。つい数時間前、火葬炉の中に入っていく故人の棺を合掌しながら見とどけたばかりなのに、次にその火葬炉の扉が開かれたとき、もうそこに故人の姿はありません。棺の中にきれいに飾りつけて納めた花々も、愛用していた品々も、故人を偲ぶものはみな燃え尽きて、ただ故人の遺骨だけが残っているのです。

故人の姿はない。頭ではわかっていても、実際に骨となった故人の姿を目の当たりにしたとき、特に故人と縁の深かった遺族の方々は少なからず動揺されることでしょう。愕然《がくぜん》としてしまって、再び大きな悲しみに包まれてしまうかもしれません。

それは故人を亡くしたばかりの、激しい感情に襲われる動的な悲しみとは性質が異なり、亡くなった故人はもう戻ってこないのだという、つらく厳しい現実を受け入れなければならない、静的な悲しみであるといえるかもしれません。そこに人が大勢いれば、悲しみを分かち合い、支え合うこともできます。できるかぎり遺族揃って参列し、収骨をしていただきたいと思います。

一般的に収骨は、故人の足元側の骨から順に骨壺に収めていく場合が多いようです。そして徐々に上半身へと移行し、最後に丸みを帯びた頭蓋骨で蓋をするように骨壺の中に故人の遺骨を納めます。

収骨を終えて葬儀場に戻れば、枕経から始まり通夜を経て故人をお釈迦さまの悟りの世界へと送る一連の葬儀は、ようやく一段落つく運びとなります。故人を亡くした深い悲しみのなかで葬儀の準備を進め、そして故人をおくり、葬儀が終わる頃には、遺族の方々の疲労は心身ともに大変なものになっています。位牌と遺影と骨壺を抱えて家へと帰り、祭壇に丁重にお祀《まつ》りしたあとは、ゆっくりと身体を休めてください。

収骨

箸渡《はしわた》し

火葬が終わり遺骨を拾いあげる際には、一つの遺骨を二人一組となって二膳の箸で拾いあげる「箸渡し」というならわしが広く各地でみられます。「箸」に同じ発音の「橋」の意を含ませ、この世から仏さまの世界へと橋を架け、その上を渡っていただきたいという願いを込めているのです。また地域によっては、収骨のことを「お骨《こつ》上《あ》げ」や「お骨《こつ》拾《ひろ》い」ともよんでいます。

中陰

【ちゅういん】

仏の世界への道　四十九日の祈り

故人は四十九日の旅の末に
お釈迦さまのもとに到る。
七日ごとにやってくる節目を
一つひとつ歩み越えて。

葬儀を終えたあと、故人に施される供養は、すべて追善供養《ついぜんくよう》となります。追善とは、善い行いをした功徳を故人に廻らすこと。そのようにして故人の冥福を祈る行いを積み重ねていくことを、追善供養といいます。したがって中陰《ちゅういん》、法事《ほうじ》（年忌法要《ねんきほうよう》）、お盆《ぼん》、お彼岸《ひがん》、それから仏壇の前に座って手を合わせる毎日のお参りも、すべて追善供養となります。

追善供養は、中陰供養から始まります。中陰とは故人が亡くなった日から四十九日間をいい、この期間に行われる供養の総称が中陰供養です。「人は亡くなると七日ごとに裁きを受け、次の生が決まる」というインドの輪《りん》廻思想《ねしそう》から生まれた中陰ではありますが、現代における中陰は「故人がお釈迦さまのもとに到るまでの修行期間」として捉えられています。道を一歩一歩進んでいくように、四十九日間の修行を一つひとつ修めていく。また七日ごとにやってくる節目には、修行に精進《しょうじん》している故人を励ます意味を込めて、篤く法事供養を行う。それが中陰供養です。

ところで、これまでに「故人を供養する」と何度も述べてきましたが、そもそも供養とは何でしょうか。冥福を祈ること、供物を施すこと、お経を唱えること。心に故人を想い行うことはすべて供養であるといえますが、仏教ではこういった供養には三つの種類があると考えています。

まず一つ目は「利供養《りくよう》」。故人の前に線香や華や蠟燭、お水やお膳などをお供えすることです。人から何かをいただいたとき、まず故人の前にお供えをすることができれば、それは故人への温かな利供養となります。

インドの輪廻思想《りんねしそう》

インドには、生きているものはすべて次の生へと生まれ変わり死に変わるという思想が、昔から現代にいたるまで息づいています。これが輪廻思想です。輪廻する魂の一生は、四つの段階「四有《しう》」に分けることができると考えられており、四有を分類すると次のようになります。

生有《しょうう》　（母体に命が宿ったとき）
本有《ほんう》　（生まれてから死ぬまでの一生）
死有《しう》　（命が尽きる瞬間）
中有《ちゅうう》　（死有から生有までの期間）

この四有のなかの中有の別名が中陰です。日本では中陰という言葉が定着していますが、中有と中陰は同じものです。そして、中有においては七日目に生前の罪が量られ、王の裁きを受けて次の生が決められていきます。しかし王の裁きを受けても、必ず生まれ変わる先が見つかるわけではありません。決まらなければまた中有を生きて、次の七日目に別の王の裁きを受けるのです。そのようにして四十九日の間に、すべての者の次の生が決まるというのが、インドの輪廻思想です。

二つ目は「敬供養《きょうくよう》」。お経を唱え、お釈迦さまの教えを讃え敬い、その教えを学ぶことです。故人の成仏を願って毎日仏壇の前でお経を唱えることや、法事などで僧侶とともに読経することもこの敬供養に含まれます。

これら二つの供養は広く一般的に行われているものですので、供養であることに疑問をもたれることはないでしょう。重要なのはあまり知られていないながらも、とても大切な三つ目の供養「行供養《ぎょうくよう》」です。

「行供養」とは、一言でいえば仏道修行をするということ。自堕落せず、故人に安心していただけるような正しい暮らしをおくることです。そして他者を気遣う心をもって、自らもまた生きながらに仏さまを目指す道を歩んでいく。私たちが日々を正しく安らかに暮らすことで、故人の安堵と励ましにつながる行いを、行供養とよぶのです。

のこされた方々が幸せに生きていることは、故人にとっての幸せでもあります。故人に対して何かを施すことだけが供養ではなく、自分自身の生きかたもまた、故人への大切な行供養になることを忘れないでください。

中陰のあいだは中陰壇《ちゅういんだん》を設け、七日ごとの節目には僧侶とともにお経を唱えて故人を供養してさしあげましょう。忌明けとなる四十九日の法事には、家族だけでなく親戚を招く場合も多く、無事に四十九日間の修行を終えた故人を労《ねぎら》い、また供養を続けてきた遺族を労う意味も込めて、お斎《とき》(会食)の席が設けられることも多いものです。

中陰の節目となる七日ごとの忌日《きじつ》には、それぞれ次のような呼び名がつけられています。呼び名の訳は一説によるものです。

初七日《しょなのか》　**初願忌**《しょがんき》〈仏さまの世界へ向かう願いをおこす〉
二七日《ふたなのか》　**以芳忌**《いほうき》〈旅の途中にある三途の河を渡る芳船《ほうせん》に乗る〉
三七日《みなのか》　**洒水忌**《しゃすいき》〈三途の河の水を身心に洒ぐ〉
四七日《よなのか》　**阿経忌**《あきょうき》〈阿弥陀経《あみだきょう》を唱えて修行する〉
五七日《いつなのか》　**小練忌**《しょうれんき》〈修行がある程度練られる〉
六七日《むなのか》　**檀弘忌**《だんこうき》〈仏さまと同じ檀にあがる〉
七七日《なななのか》　**大練忌**《だいれんき》〈修行が大いに練りあげられお釈迦さまのもとに到る〉

このうち、七七日に名づけられた大練忌という言葉には、故人がお釈迦さまのもとに辿《たど》り着くまでの行程を考える上で、大きな意味があります。大練忌の「練」とは、ものごとを練りあげるという意味で、これは仏教的に解釈したときに修行に相当します。お釈迦さまのもとへと向かう四十九日間の旅路の末、故人の修行が大いに練りあげられ、故人がお釈迦さまの悟りの世界に到ったとされるのが、この大練忌にあたるのです。

四十九日間の中陰が明けても、故人の死を悲しむ遺族の心が晴れるわけではないかもしれません。しかし、故人が仏さまとなって私たちを見守ってくださる存在となれば、故人の死は悲しむだけのものではなくなります。故人の心はすでに仏さまのように安らかなものになったと考えることができたなら、のこされた方々の心も安らぐことができます。中陰供養とは、故人を悼む法事でありつつ、大切な人を亡くした遺族の心を安らかなものへと純化させる、癒しの時間でもあるのです。大練忌法要の際は、故人を悼む悲しみの心とともに、どうかこの安らかな心を芽ばえさせて参列していただければと願っています。

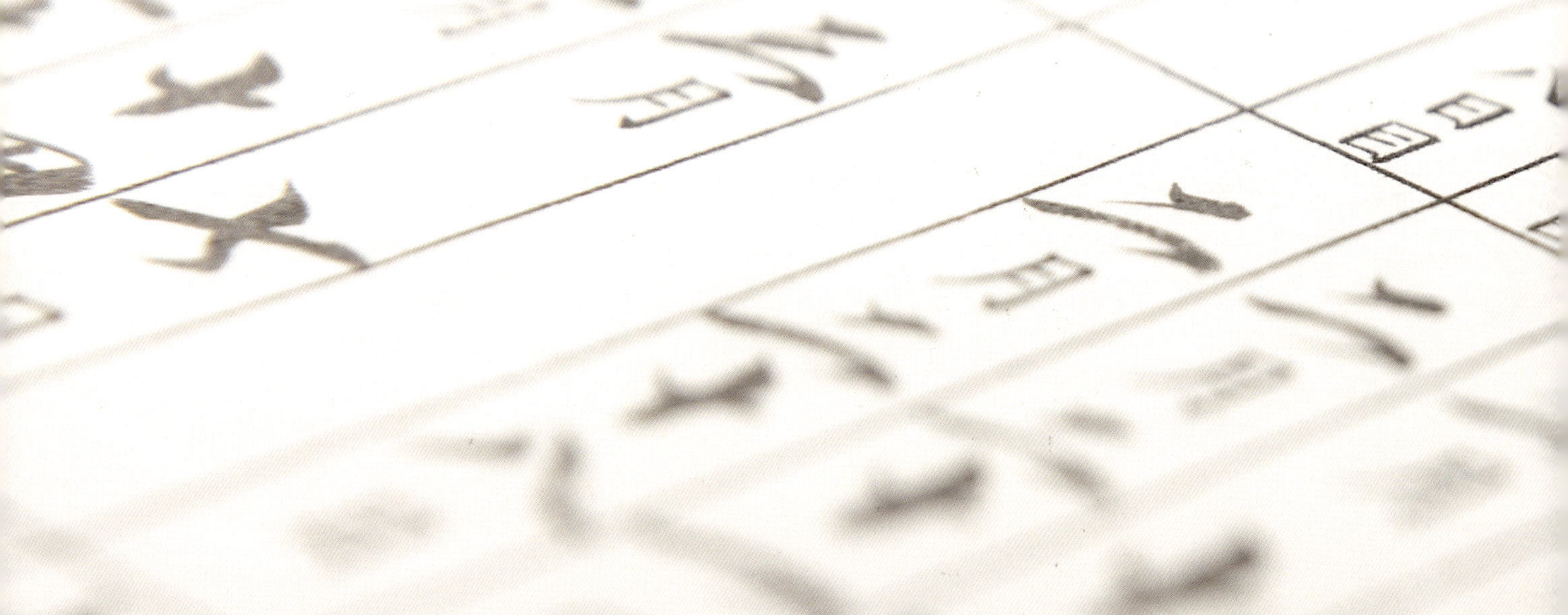

仏壇

【ぶつだん】

ご先祖さまとつながる　安らぎの場所

蠟燭に火を灯し　線香を供え
鈴を鳴らし　お経を唱える。
朝に夕に伝えるは　受け継いだ命への感謝。
家の中に建てられた小さな本堂に、
ご先祖さまは宿っている。

法事などの忌日には僧侶を招いて法要を行いますが、故人やご先祖さまに対する毎日の供養は、普段は家族だけで自宅にある仏壇において行われることが多いでしょう。朝夕にお参りができれば最良ではありますが、生活に合った時間に生活に合った方法で供養をしていただきたいと思います。

仏壇にお供えする仏具のなかには、三具足《みつぐそく》とよばれるものがあります。線香を立てる香炉、華を立てる花器、蠟燭を立てる燭台《しょくだい》の三つの仏具のことです。線香の香りがくまなく行きわたり、心と空間を浄らかなものにする。蠟燭の火が心の闇を照らし、歩むべき道を正しく示す。朗《ほが》らかな華が心を穏やかにし、ゆとりと潤いをもたらす。線香、華、蠟燭という三つの供物が、日々の供養の土台となっているのですね。

そのほかにも、ご飯を炊いた際には最初にお供えをしたり、折にふれてお茶や水をお供えしたり、お膳をお供えすることなども大切な供養となります。お膳はご飯・汁物・煮物・和物《あえもの》（酢物）・香物《こうのもの》（漬物）の五つが基本にはなりますが、必ずしもそれにこだわる必要はありません。肉や魚、においの強いネギやニンニクなどは使用しないほうがいいですが、故人の好きだったもの、喜びそうなものを供えてさしあげる心を大切にしてください。

仏壇へのお参りの仕方についても、必ずこうでなければならないというものはありません。寺院によってもお参りの仕方は異なっています。ただしある程度共通している作法というものもありますので、ご参考までに一例を述べておきます。

三具足《みつぐそく》

仏前に供えるインド以来の重要な供養仏具。「具」は備わる。「足」は満ち足りるの意。ご本尊さまに向かって右手に燭台、左手に花器、中央に香炉を置く。三具足はのちに五具足《ごぐそく》となり、中央の香炉の両側に二つの燭台、さらにその両外側に二つの花器を置くようになった。五具足のほうが左右対称でバランスがよく丁寧であることから、現在の寺院では五具足が用いられることが多い。

まずは線香。一本でも結構ですが正式には三本の線香を香炉に立てます。三本のうち、左右の二本は「迎《むか》え線香」といって、導師を迎える礼儀作法としての線香です。したがって法要の際は、左右の二本をあらかじめ立てておき、真ん中の一本を法要のはじめに導師が供えます。また三本の線香はそれぞれ「ご本尊さま」「ご先祖さま」「特に想いを寄せる故人」に対して供えられるものとして説明される場合もあります。

線香を供え終えたら背筋を伸ばし、姿勢を正しましょう。そして鈴《りん》を鳴らし、お経を唱えます。曹洞宗では、ご本尊さまに対しては『摩訶般若波羅蜜多心経《まかはんにゃはらみったしんぎょう》』をお唱えすることが決まりとなっています。一方、ご先祖さまに対するお経には、決まりといったものはありません。『修証義《しゅしょうぎ》』がお唱えされることも多いですが、『舎利礼文《しゃりらいもん》』、『大悲心陀羅尼《だいひしんだらに》』、『妙法蓮華《みょうほうれんげ》経観世音菩薩普門品偈《きょうかんぜおんぼさつふもんぼんげ》』、『妙法蓮華経如来寿量品偈《みょうほうれんげきょうにょらいじゅりょうほんげ》』といったお経もよく唱えられています。覚えているお経があればそちらを唱えていただいても結構ですし、経本に載っているお経でももちろん大丈夫です。丁寧に唱えてさしあげてください。

読経が終わったあとは、故人やご先祖さまの戒名を読みあげ、お経を唱えた功徳をその方へ回《めぐ》らし向けます。これを回向《えこう》といいます。回向の対象は、自身とゆかりのある人物である場合が多いかと思いますが、戦死病没《せんしびょうぼつ》者《しゃ》とするなど、世の中のどのような方であってもかまいません。広く様々な精霊《しょうれい》に対してお経を唱えることもまた、大切な供養です。「普回向《ふえこう》」と

お膳

箸が置いてある側を、
食事をされる仏さまに
向けてお供えします。

いって、すべての生きとし生けるものに功徳を廻らし、皆で仏道を成就することを願う回向もあります。

そして最後に鈴を二回鳴らし、お参りを終えます。また、三拝《さんぱい》といって、お参りの始まりと終わりにそれぞれ三回ずつ合掌礼拝をする丁寧な作法もあります。

仏壇は寺院の本堂を小さくしたものであることから、家庭のなかの本堂とも考えられています。心の依りどころとなるご本尊さま（釈迦牟尼《しゃかむに》仏《ぶつ》）、両祖さま（道元禅師、瑩山禅師）を正面最上段にお祀りし、ご先祖さまの戒名が刻まれた位牌と日々向かい合うことで、ご先祖さまと家族がつながる安らぎの場所となります。日々の暮らしのなかで手を合わせ、感謝の気持ちを伝えるとともに供養をいたしましょう。

鈴《りん》

鉢形をした銅製の鳴らし物である磬子《けいす》のうち、小さなものを指す。小磬《しょうけい》ともいう。寺院での法要を円滑に進めるために、木魚《もくぎょ》や大磬《だいけい》とともに使われる。

五観《ごかん》の偈《げ》

禅において、日常生活のなかで特に重要な行いと位置づけられているのが食事です。そこで食事の前には、「五観の偈」という、食事をいただく際の心得をお唱えします。短い偈文《げもん》ですので、ぜひ一度、食事の前にお唱えしてみてください。普段の食事が、いつもと違って感じられるかもしれません。

一《ひとつ》には功《こう》の多少《たしょう》を計《はか》り
　彼《か》の来処《らいしょ》を量《はか》る
二《ふたつ》には己《おのれ》が徳行《とくぎょう》の
　全欠《ぜんけつ》を《（と）》忖《はか》って供《く》に応《おう》ず
三《みつ》には心《しん》を防《ふせ》ぎ過《とが》を離《はな》るることは
　貪等《とんとう》を宗《しゅう》とす
四《よつ》には正《まさ》に良薬《りょうやく》を事《こと》とするは
　形枯《ぎょうこ》を療《りょう》ぜんが為《ため》なり
五《いつつ》には成道《じょうどう》の為《ため》の故《ゆえ》に
　今此《いまこ》の食《じき》を受《う》く

1. この食事がこうして出来あがるまでに、どれほど多くの方の手数や苦労があったかに想いを廻らせます。
2. 食事をいただくに値するほどの行いをしてきたか、自分自身の行いを振り返ります。
3. 心が過ちを犯すのは、貪り・怒り・妬みなどの欲に振り回されるからであることを認識し、修養の心でいただきます。
4. 美味を求めるのではなく、健康と生命を維持するための薬として、この食事を受けとめます。
5. 仏さまのように正しく生きる人間であるために、ともにこの食事をいただきます。

盆

【ぼん】

迎え火燃ゆる　ご先祖さまの里帰り

盆

盆
【ぼん】

お盆《ぼん》は私たちの周りに古くから馴染み伝わる、先祖供養の行事です。その風習には地域によっていくらかの違いがあるものの、おおむね机や台の上に真菰《まこも》（イネ科の植物）を編んだゴザを敷き、精霊棚《しょうりょうだな》（盆《ぼん》棚《だな》）を設けることが、標準的なお盆の祭壇であるといえるでしょう。そこにご先祖さまの位牌を仏壇から移して安置し、線香・華・蠟燭を供え、さらには鮮やかに彩色された盆提灯《ぼんちょうちん》や田畑でとれた五穀・野菜・果物など、多様な供物によって飾りつけをします。団子や餅、素麺などを供えることもあり、キュウリやナスを賽《さい》の目に刻んで洗米と混ぜ合わせた「水《みず》の子《こ》」を、蓮《はす》やイモの葉の上にのせて供える家庭も多くみられます。

　またお盆ならではの供物として有名なのが、すらっとした細身のキュウリと、ずんぐりのナスに足をつけて、馬と牛に見立てた精霊《しょうりょう》馬《ま》。ご先祖さまが家に帰ってくるときは駆ける馬に乗って少しでも早く、また家をあとにするときは牛歩のようにゆっくりと。少しでも長くご先祖さまに家にいてもらいたいという願いが込められた、見た目にも可愛らしい供物です。

　多くの寺院では、お盆に合わせて施食会《せじきえ》が行われます。施食会は本来、年中いつでも行うことのできる先祖供養の法要で、特定の時期に

水《みず》の子《こ》

精霊馬《しょうりょうま》

だけ行われるものではありません。つまりお盆と施食会は別の法要なのですが、初盆《はつぼん》を迎える故人の供養の場としての施食会が広く世に定着し、施食会はお盆に合わせて行われることが多くなりました。現在ではお盆に先がけて寺院で施食会の法要を行い、先祖供養を行ったあとにお盆を迎えるという形態が各地で多くみられます。

施食会では、その年に亡くなられた新亡《しんもう》の霊をはじめ、はるかに続くご先祖さまを供養するために、施食棚に飲食《おんじき》(食べ物)を供えます。それらの供物を施す対象は三界万霊《さんがいばんれい》といって、普段は供養されることのない精霊《しょうれい》も含めた、あらゆる精霊に向けられています。意外に思われることが多いのですが、供物は自分のご先祖さまに供えているわけではないのです。

あらゆる精霊に食べ物を施すという善い行いが廻りめぐって、やがては自分のご先祖さまのもとへも届く。縁のある者とない者とを隔てることなく、あまねく精霊を供養する。それが施食会における供養の考えかたなのですね。

施食会は地域によって御施餓鬼《おせがき》ともよばれています。餓鬼に食べ物を施すという意味の言葉ですが、ここでいう餓鬼とは普段供養されることのない存在の象徴です。あくまでも象徴であり、実質的な餓鬼が存在するわけではありません。加えて餓鬼という言葉は差別用語でもありますので、今日では御施餓鬼という名称をあらためて、施食会という名称を用いたほうがよいと考えられるようになりました。

お盆の時期

元来お盆は、月の満ち欠けを暦にした旧暦に則《のっと》り、満月となる7月15日を最終日とし、13日からの3日間(16日までの4日間)に営まれていました。

ところが明治時代に新暦が採用されたことで、お盆は多くの地域で8月に営まれるように変化します。旧暦の7月15日が新暦だと8月の中旬頃にあたるため、1ヶ月遅らせた8月13日から15日をお盆と定めたためです。このことから8月のお盆は「旧盆《きゅうぼん》」「月遅《つきおく》れ盆《ぼん》」とよばれています。

これに対して、都市部や一部の地域では7月にお盆が営まれています。これは旧暦の満月の月日に関係なく、「7月13日から15日に行われていた」という実数をそのまま新暦にあてはめたもの。そのため「七月《しちがつ》盆《ぼん》」「新暦盆《しんれきぼん》」とよばれています。

さらに、本来のお盆の考えに則って、8月から9月の満月の日、つまり旧暦の7月15日にあたる日に、お盆を営む地域もあります。月の満ち欠けは約29日周期ですので、これらの地域でのお盆は、新暦のカレンダーにおいて毎年異なった月日に行われています。

お盆の最中には菩提寺の僧侶が檀信徒の家々を訪ね、精霊棚の前で読経する棚経《たなぎょう》も行われます。家に帰ってきているご先祖さまの精霊を供養するための仏事ですので、できるかぎり家族揃ってお参りし、ご先祖さまの供養をしていただければと思います。

この時期には、各地で夏祭りが開かれることも多いものです。ドン、ドドンと辺りに響く盆踊りの和太鼓。見上げる夜空に大輪の花を咲かせる打ち上げ花火。淡い明かりを灯す盆提灯。川の流れに揺らめく灯籠《とうろう》流《なが》し。

祭《まつ》りは祀《まつ》りに通じ、夏祭りの賑《にぎ》やかさのなかに、どこか懐かしく厳かな雰囲気を感じとる方も多いことでしょう。それは本来、夏祭りがご先祖さまの供養のために行われていた行事であったことと無関係ではありません。古来より日本では夏祭りのことを御魂《みたま》祭り、精霊《しょうりょう》祭りとよんでいたのです。

お盆に限らず、ものごとには様々な起源があります。同じように、自分という存在にも必ず起源があります。自分を生んだ両親、両親を生んだ祖父母、その上には曾祖父母が、さらには――。自分の起源を辿っていくとき、そこにあらわれるのは過去からの命を連綿と受け継いできた数限りないご先祖さまの姿。そのご先祖さまに感謝を捧げ、おかえりなさいと迎え入れ、食べ物を供えて家族皆で手を合わせる。それが古くから日本に伝わる先祖を敬う行事、お盆なのです。

迎《むか》え火《び》・送《おく》り火《び》

お盆はご先祖さまを家に迎え入れる行事です。そこで昔から、ご先祖さまが自分の家とわかるよう、玄関先や軒先《のきさき》で松や苧殻《おがら》(麻の皮をはいだ茎)を焚いて家の目印としたり、墓地で火を焚きご先祖さまを家へと迎えたりしました。これが迎え火です。また、お盆の終わりにはご先祖さまを送るために、今度は送り火を焚きます。地域によって多様な形態をみせる送り火の風習ですが、もっとも有名なのは、川岸から火を灯した灯籠を流す「灯籠流し」(精霊流し)ではないでしょうか。闇のなかを揺らめく灯籠の淡い灯りが醸《かも》しだす、幻想的な情景です。

飾りつけた精霊棚に
父母が帰ってくる。
もう何年になるだろう。
ともに過ごした　在りし日々を懐かしみ
供物を捧げて供養する。

彼岸

【ひがん】

迷いの岸から　悟りの岸へ

彼岸花咲き誇る彼《か》の岸は
一切の迷いを離れた安らぎの岸。
享楽と苦行《くぎょう》とに偏らず
心安らかに生きる岸。

彼岸【ひがん】

昼と夜の長さが同じになる春分の日と秋分の日、それらを挟んだ前後三日の計七日間を彼岸《ひがん》とよびます。したがって彼岸は春と秋にあり、春彼岸と秋彼岸とに分けることができます。ただ一般的に彼岸といえば、朱に染まった彼岸花《ひがんばな》（曼珠沙華《まんじゅしゃげ》）が咲く頃の、秋彼岸を思い浮かべる方のほうが多いでしょう。

日本の農耕文化には、昼夜の時間が同じで真東から太陽がのぼり、真西にしずんでいくこの時節に、自然の恵みに対して感謝を捧げる風習が昔から存在していました。また、春分の日と秋分の日はともに「お中日《ちゅうにち》」とよばれ、法要を行う寺院も多くみられます。このような彼岸の仏事は日本独自のものであって、インドや中国では彼岸の仏事というものはみられません。

日本における彼岸の歴史は古く、『日本後紀《にほんこうき》』にも彼岸の記録が残っているほど。そこでは崇道《すどう》天皇の供養のために諸国の国分寺《こくぶんじ》の僧侶が集まり、法要が行われたことが記されており、これが彼岸供養の始まりと考えられています。

彼岸という言葉は、サンスクリット語のパーラミタ（音訳「波羅蜜多《はらみった》」）の意訳であり「到彼岸《とうひがん》」とも訳されます。「彼《か》の岸」すなわち川の対岸である向こう岸へ到ることであり、これはお釈迦さまの悟りの岸へ渡ることを意味しています。修行をして、その後に悟りを得る。それが一般的に理解されています。

彼岸花《ひがんばな》

名前の通り、秋彼岸の頃になると田んぼの畦《あぜ》や土手などで、深紅に咲き乱れる花。曼珠沙華《まんじゅしゃげ》という別名は、天上から降りそそぐ華という意味で、その景色を見た者は煩悩から離れることができるとされている。また、彼岸花の球根には毒性があり、モグラを近寄らせない効果があると昔から信じられてきた。田んぼの畦や畑の淵《ふち》、河川の土手などに多く群生する姿をよく見かけるのは、モグラの侵入を防ぐ昔からの知恵。

いる修行と悟りの関係であり、到彼岸という言葉の意味になります。
しかし、道元禅師はこれを「彼岸《ひがん》到《とう》」と訳されました。人は修行をしたあとに悟りを得るのではなく、修行をしているその姿が悟りそのものだという修行観です。修行と悟りは別物ではないという考えですね。それは喩えるなら、取っ手を回すことで点灯する手回し懐中電灯のようなもので、取っ手を回している（修行をしている）あいだは光が灯り（悟りを得）ますが、取っ手を回すことをやめれば、光も消えます。修行をしたあとに悟りを得るのではなく、修行をしているその瞬間にしか悟りは存在しないという道元禅師の修行観が、ご理解いただけるでしょうか。

取っ手を回すことに相当する具体的な修行は、六波羅蜜《ろくはらみつ》とよばれるものになります。この六波羅蜜の修行に専念する期間が彼岸の七日間であり、それが本来の彼岸の在りようなのです。一般的に彼岸は、お墓参りやご先祖さまの供養を行う期間と考えられている場合がほとんどでしょう。もちろんそれも間違いではありません。しかしそれに加えて、次に挙げる六つの修行徳目、六波羅蜜に則した生活を心がけてみてください。本来の彼岸に適う、尊い七日間となります。

六波羅蜜

布施《ふせ》〈物品や正しい道理、優しい言葉を施す〉
持戒《じかい》〈人の迷惑にならないよう、悪い言葉や行いを慎む〉
忍辱《にんにく》〈自分の心の醜さや未熟さを、ごまかさずに見すえる〉
精進《しょうじん》〈恥ずべき行いをあらため、正しく生きる努力を続ける〉
禅定《ぜんじょう》〈活き活きとした心、澄んだ心の状態を保つ〉
智慧《ちえ》〈何が正しいかを考え、真理を見極める〉

ぼたもちとおはぎ

彼岸のお供え物として有名な「ぼたもち」と「おはぎ」。見た目は同じようですが、名前は違います。しかしこの二つ、一体何が違うのでしょう。じつは、基本的には同じものなのです。ただ一つ、明確に違っているのは、お供えをする時期。「ぼたもち」と「おはぎ」は、漢字にすると「牡丹餅」と「お萩」。牡丹《ぼたん》の季節は春で、あずきの粒を牡丹に見立てていることから、春彼岸にお供えするのが「ぼたもち」。一方、萩《はぎ》の季節は秋。したがって秋のお彼岸にお供えするものが「おはぎ」というわけです。ご先祖さまにお供えをし、お参りが終わったあとには、彼岸に六波羅蜜の修行をする励みとしておいしくいただきましょう。

法事

【ほうじ】

善《ぜん》行《ぎょう》を積み　故人を供養す

葬儀を終えて幾年月。
親族は再び一堂に会す。
故人の冥福を祈るため。
仏さまとなった故人を
尊ぶため。

法事【ほうじ】

法事《ほうじ》(年忌法要《ねんきほうよう》)は、故人やご先祖さまの冥福を祈る仏事です。それはまた、故人がお釈迦さまの悟りの世界に往《い》きつき安らぎを得られたことを尊ぶ法要でもあります。故人やご先祖さまへ祈りを捧げるとともに、私たち自身が無事平穏で、心安らかに暮らしていることを伝えることができるよう、日々の生活を正すように心がけておきたいものですね。

現代を生きる人々は多様な人生観をもっています。死んでしまったらすべておしまい。そのような人生観をもっている方も少なくありません。しかし、命の終わりと関係の終わりは必ずしも一致しません。大切な方が亡くなってしまったとしても、その方との関係がプツンと途切れてしまうわけではないのです。

故人の姿を想い、慕い、祈るとき、故人のおかげで今の自分があるという揺るぎない事実に気がつきます。私たちが心に故人を感じているとき、諸々の理屈をこえて、故人は確かに私たちの心のなかに生きているのです。この心のなかに生き続ける故人がいる限り、私たちと故人との関係に終わりはありません。

中陰供養において、七日ごとの節目にそれぞれ呼び名がついていたのは前述の通りです。それと同じように、法事の各年忌にもそれぞれ名前がつけられています。ここでは訊ねられることの多い、百カ日の「卒哭忌《そっこくき》」と、一周忌と三回忌に名づけられた「小祥忌《しょうじょうき》」「大祥忌《だいじょうき》」について述べておきたいと思います。

年忌《ねんき》

故人のために行われる年忌法事は、一周忌・三回忌・七回忌・十三回忌・三十三回忌・五十回忌等として、各年忌にあたる年に行われます。ただし、法事を行う年については、十七回忌や二十三回忌を行うなど、各寺院によって違いがみられますので、法事をお考えの際は、必ず事前に菩提寺のご住職と相談し、その寺院の考えかた、法事の行いかたを確認しておいたほうがよいでしょう。また年忌にあたっていなくても、亡くなった同じ日に行われる祥月命日《しょうつきめいにち》というものもあります。

大磬《だいけい》
鉢形をした銅製の鳴らし物である磬子《けいす》のうち、大きなものを指す。重厚な響きは、読経や法要を牽引《けんいん》する役割を担う。

故人が亡くなってから百日目に行われる百カ日法要のことを卒哭忌といいます。その起源は古代中国にまで遡ります。中国では昔から死者の霊をなぐさめるために、遺族が声をあげて泣く「哭《こく》」という習慣がありました。その哭を卒《お》える忌日が卒哭忌です。実際に涙を卒業できるとは限りませんが、その日は必ず訪れます。ただただ悲しみに暮れて流れた百日前の涙は一度拭いて、少し顔をあげて、これまでの時間を振り返ってみる。そのような一つの区切りとして、故人を供養する法要を勤めることが、卒哭忌法要になります。

次に小祥忌と大祥忌についてですが、この「祥」という漢字は「めでたい」という意味になります。亡くなった命日がなぜめでたいのか。少々不謹慎にも思える名前には、もちろんきちんとした理由があります。

亡くなった方は葬儀を経て成仏する、つまり仏さまになるのだと曹洞宗では考えます。中陰の四十九日間の修行が明けて、無事にお釈迦さまのもとに辿り着いた故人は、私たちを見守ってくださる存在となります。めでたいのは、故人が尊い仏さまとなって、一歳二歳と仏さまとしての誕生日を迎えられ、安らかな心を得られたから。そして、故人の冥福を祈るために親族が再び一堂に会し、故人に生前の感謝を捧げる法要を修めることができたから。一周忌の「小祥忌」、三回忌の「大祥忌」という名前には、故人への感謝、無事にお釈迦さまの悟りの世界に安住されたことの安心、さらには皆が前を向き生きていくという、明るい未来のめでたさが込められているのですね。

木魚《もくぎょ》

読経の際、拍子をとるための木製の仏具。魚がモチーフとされている理由には、魚が昼夜眠らずに覚《さ》めていることから、修行僧が眠りを惜しんで修行に励む姿を表しているという説がある。

弔《とむら》い上《あ》げ

故人にとって最後となる法事のことを、一般に「弔い上げ」といいます。この弔い上げを何回忌にするかということに関しては、寺院によってだいぶ違いがみられます。比較的多いのは三十三回忌、もしくは五十回忌のようですが、そもそも供養自体に終わりはありませんので、弔い上げを定めていない寺院も多いです。

墓地

【ぼち】

愛しき人　ここに眠る

今　この時代　この場所に
生を受けることできたのは
命をつなぎ続けてくれた
ご先祖さまがいたから。

感謝の気持ちとともに
故人を後世へと伝えていく。

墓地

墓地【ぼち】

火葬を終えて骨壷に納められた故人の遺骨は、墓地に埋葬、もしくは寺院などの納骨堂《のうこつどう》に納められます。納骨の時期に関しては一律の決まりごとがないため、火葬後すぐに納骨まで行う寺院もあれば、忌明《きあ》けとなる四十九日に行う場合もあり、一周忌に合わせたり、まったく定めていなかったりと、各寺院によって様々です。

価値観が急激に多様化した現代において、納骨やお墓に対する考えは複雑化してきています。合同供養墓《ごうどうくようぼ》への納骨、海などへの散骨《さんこつ》、樹木を墓標《ぼひょう》にした樹木葬などはその一例です。一族のお墓という従来の意識は薄れ、一家としてのお墓、さらには個人にとってのお墓という考えも生まれてきています。

葬制（死者を葬る儀礼）の歴史は古く、今から約七万年前のネアンデルタール人の遺骨に、すでに葬制の痕跡が見つかっています。日本においても縄文時代には死者を儀礼的に葬る習慣があったとされ、さらに古墳時代にはその名前が示す通り多くの古墳（墓）が造られるようになりました。巨大な古墳は権力の象徴。自身の業績や威光を後世に残す記念碑のような意味合いを帯びたお墓も出現しました。

仏教におけるお墓の誕生は、やはりお釈迦さまの故事がもとになっています。お釈迦さまが亡くなり茶毘に付されたあと、残った遺骨（舎利《しゃり》）は八等分されてインド各地の部族に分配されました。さらに、遺骨を納めてい

人類最古の葬制

現在まで知られているところ、旧人の段階であるネアンデルタール人の遺体（約7万年前）に、死者を儀礼的に葬る痕跡が見つかっています。旧ウズベク共和国のテシク・タシ遺跡では、洞窟のなかに山羊《やぎ》の角が並べられ、その横に子どもの遺体が埋葬されていました。また、イラクのシャニダール遺跡では、洞窟内に置かれた遺体に花がそえられていました。葬制の存在は、人類文化の発展を考える上できわめて重要な事象であると考えられています。

た瓶《かめ》と微塵な遺灰《いはい》も二つの部族に分配され、計十の部族にお釈迦さまの遺骨が渡されることになったのです。

そしてそれぞれの部族は、ストゥーパという土饅頭型《どまんじゅうがた》の舎利塔《しゃりとう》（遺骨を祀った墓）を造り、お釈迦さまの遺骨をお祀りして日々礼拝をしました。このストゥーパは、遠方から訪ねてくる仏教徒が見てわかりやすいようにと、高く盛られた丘のような形をしていました。これが長い年月のあいだに徐々に形を変え、今日私たちがお参りをしているお墓となるのです。ちなみに、お釈迦さまの遺骨は日本にもお祀りされています。

お墓、特に五輪塔《ごりんとう》は、お釈迦さまをなぞらえるものとして造立されていることから、それぞれの形は頭頂（宝珠《ほうじゅ》）・顔（半月）・胸（三角）・腹（円）・足（四角）を象徴して造られています。また、五つの形には梵字《ぼんじ》が一字ずつ刻まれており、頭頂から順にキャ・カ・ラ・バ・アと読み、意味は空《くう》・風《ふう》・火《か》・水《すい》・地《ち》に相当します。人間を構成している四つの要素、風・火・水・地の「四大《しだい》」と、それらはすべて無常な存在であることを意味する「空」の要素を入れた「五大《ごだい》」が表現されているのです。

法事などの際には、お墓の横に木の板でつくられた卒塔婆《そとうば》を建てることがあります。卒塔婆はストゥーパを音訳したものですので、本質的にはストゥーパや五輪塔と同じ意義のものとなります。したがって、卒塔婆を建てることは、五輪塔を建てることと同義であり、お釈迦さまの姿を造立することと同じ功徳があると考えられているのです。そのような善い行いが故人にとっての供養にもなるとされることとから、法事などでは卒塔婆が用いられています。

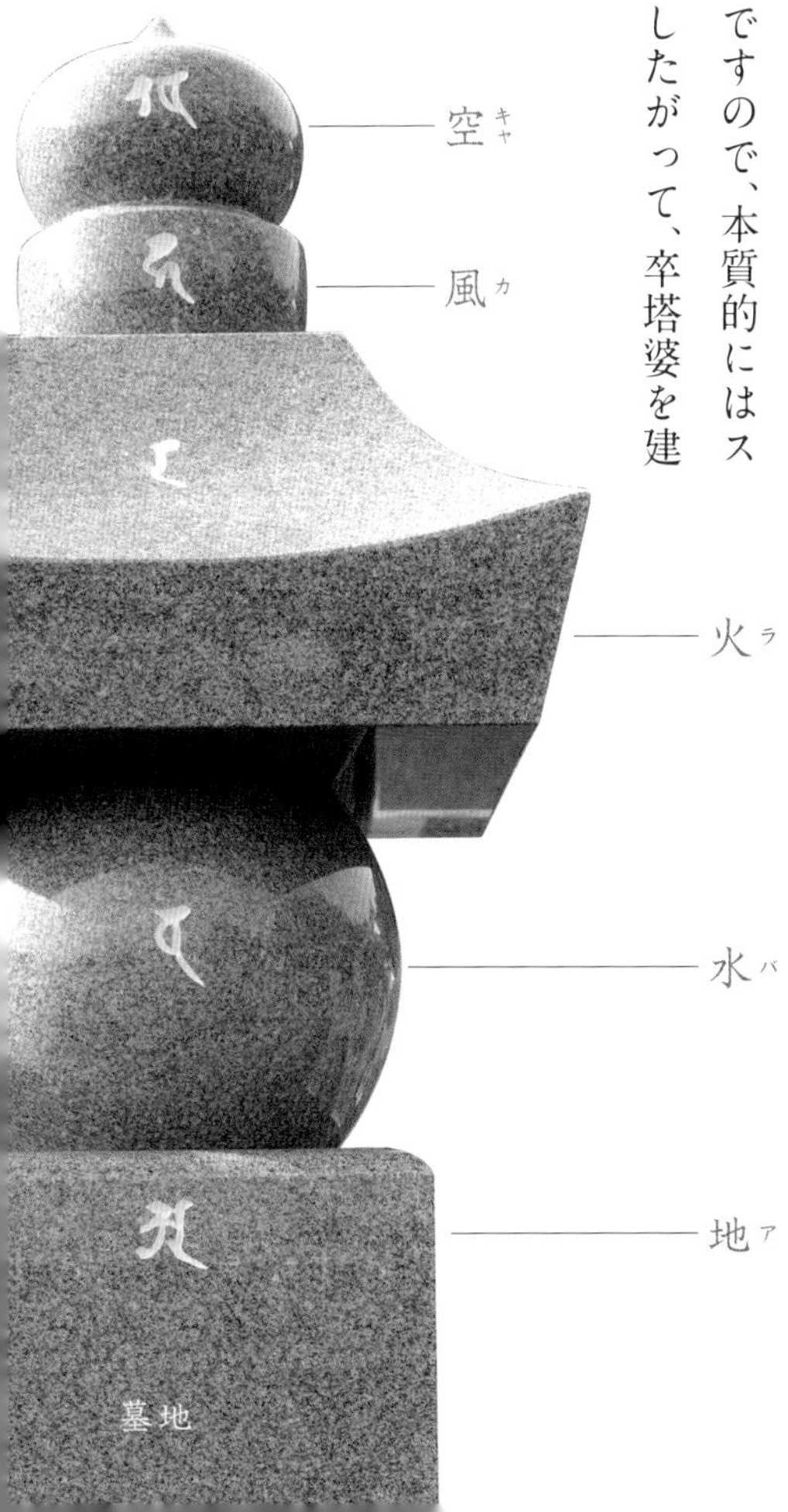

分骨《ぶんこつ》

故人の遺骨を複数ヵ所に分けて納骨することを、分骨といいます。分骨を希望されるのには、大きく3つの理由が考えられます。まず、故人の先祖代々のお墓が遠方にあり、お参りをしやすいように近くの墓地に分骨する場合。次に、家族・兄弟姉妹が別々の場所に暮らしており、それぞれのお墓に分骨したいという場合。そして、遺骨の一部を本山に納骨したいという場合です。分骨は好ましくないと気にされる方もいらっしゃいますが、お釈迦さまの遺骨も分骨されています。そのような心配はしていただかなくても大丈夫でしょう。

しかし、地域によってはまったく卒塔婆を用いない法事の形態もあり、それだけに卒塔婆をどう扱ってよいのか迷われる方もいらっしゃいます。卒塔婆は、基本的には遺骨の傍《そば》に建ててください。納骨前でしたら骨壺の横に、納骨後でしたらお墓・納骨堂の横になります。朽ち果てるまで置いておくという考えかたもありますが、新しい卒塔婆ができましたら、古いものはお焚きあげしてもよいでしょう。

ただし、卒塔婆は「性《しょう》（精）入《い》れ」をして大切に扱うものです。たとえ朽ちても粗末に扱ってはいけません。寺院に古い卒塔婆を置く場所があればそちらに持っていくなどして、然るべき場所でお焚きあげをしていただきましょう。

卒塔婆や五輪塔に気をとめたことのない方は、お墓参りをした際、ぜひ墓地に建つ卒塔婆や五輪塔をゆっくりと見つめてみてください。その形はお釈迦さまの姿を表しています。お釈迦さまが自身の死でもって示されたように、人はいつか必ず亡くなる無常な存在であることが、五輪塔の姿となって説かれ続けているのです。

変革の時代にあって、どれだけ人間の生活様式や考えかたが変わったとしても、「生きる」という人間にとってもっとも重要かつ根本的な活動自体に変化はありません。私たちが生きることができているのは、私たちを生かしてくれている、多くの縁が存在するからです。この事実は、いつの世であっても決して変わらないのです。

性《しょう》（精）入《い》れ・性《しょう》（精）抜《ぬ》き

新しくお墓（石塔）を建立したとき、仏壇や位牌などを迎え入れたとき、引越しなどで仏壇を動かす必要があるときには、性入れ、性抜きを行います。これらは、物にも魂が宿るという思想にもとづいて行われる儀式です。性入れのことを魂入れとよぶことがあるように、対象となる物に仏さまの魂を入れ、霊験《れいげん》を発揮させる儀式が性入れです。性入れによって仏壇やお墓は信仰や礼拝《らいはい》の対象となります。性抜きはそれとは反対の行いで、魂を抜き、もとに戻す儀式になります。また性抜きには、筆供養《ふでくよう》や人形供養のように、役目を終えた物に礼を尽くすという意味も含まれています。ちなみに、正式には性入れのことを点眼《てんげん》、性抜きのことを撥遣《はっけん》といいます。

墓石を磨き、花と供物を供え、水を洒ぎ、手を合わせる。私たちが今、この時代この場所に命をいただいて生きているのは、両親をはじめ、はるかに続くご先祖さまがつないでくれた命があったからこそのもの。お墓とは、その方々へ感謝の気持ちを伝える供養の場所であり、故人を語り合い後世へ伝えていく集いの場所であり、そして命には限りがあるという、無常の真理に向かい合う学びの場所でもあるのです。

墓地

三章　Q&A

葬儀・供養に関する質問は、
私たち青年僧侶のもとへも多く寄せられています。
本章は、私たち青年僧侶が実際に受けた
それらの質問を集約し、
回答を書き起こした事例集となっています。
ただし、仏事というものは地域や寺院、
あるいは住職個人によって見解や作法が異なるものです。
したがって、質問に対する「正しい答え」が
一つであるとは限りません。
普遍性をもった回答を心がけてはありますが、
ぜひ菩提寺のご住職にもご相談ください。

Q.1

お通夜とお葬式は別々に行わなければならないのですか？

A.1

目的が違いますので、別々に行います。

「おくる」というキーワードで考えるならば、前日の通夜は、夜を通して故人について語り明かし、故人のことを一人ひとりの胸に「憶《おく》る」儀式であるといえるでしょう。また当日の葬儀は、戒《かい》や血脈《けちみゃく》、引導《いんどう》などを授けることで故人を仏弟子《ぶつでし》とし、仏さまの世界へと「送《おく》る」儀式となります。

それぞれの目的の違いに目を向けていただければ、通夜と葬儀を別々に行う理由が明らかになります。

Q.2

妊娠中なのですが、葬儀に参列してもいいのでしょうか？

A.2

体調が良ければ、参列してさしあげましょう。

「妊娠中は葬儀に参列しないほうがいい」という声は、現在でも耳にします。その理由の根底には、死を穢《けが》れと考える日本古来の民俗風習があるのでしょう。

しかし仏教では、死を穢れと考えることは決してありません。葬儀は故人が仏弟子としての新しい命を授かる儀式でもありますので、お腹の中の新しい命とともに参列することが間違いであるとは考えられません。

ただし、「妊娠中は葬儀に参列しないほうが良い」という考えには、もう一つまったく異なる観点からの意味合いが含まれています。喪主家の皆さまは、臨終《りんじゅう》から葬儀が執り行われるまでの数日、大変慌ただしくなります。時にそれは妊婦さんの身体と赤ちゃんに負担をかけることがあるため、周囲の人々が「妊娠中は葬儀に参列しないほうがいい」との言い伝えを用いて母子を守ったというものです。

いずれにしましても、無理は良くありません。もし体調がすぐれないようであれば身体を休め、体調が良ければ参列し、故人をお見送りしてさしあげてください。

Q.3 枕《まくら》飾《かざ》りの蠟《ろう》燭《そく》を絶やすと、成仏できなくなってしまうのですか？

A.3 絶やしたくないという気持ちを届けることが大切です。

蠟燭の火を一瞬でも絶やしてしまったら成仏できなくなるということではありません。蠟燭は故人がお釈迦さまのもとを目指して歩む道を照らす、灯火《ともしび》を表しています。

お釈迦さまは「私がいなくなっても、私にすがるのではなく、一人ひとりが『自己』を灯明とし、『法（教え）』を灯明として生きなさい」と、弟子たちに説き示しました。暗闇を歩くときには灯火を頼りとするように、「自己」と「教え」を頼りとして仏道を歩んでほしい。故人に届ける蠟燭の灯りには、そのような想いが込められているのです。

Q.4 お葬式は、自宅・寺院・葬儀会館のどこで行うのがいいですか？

A.4 それぞれに良さがあります。

最近は葬儀会館などを利用しての葬儀が多くなりました。しかし自宅や寺院での葬儀を望む方ももちろんいらっしゃいます。それぞれの場所にどのような良さがあるのかを挙げてみたいと思います。

自宅…故人にとって一番ゆかりのある場所。遺族の方が安らかに過ごせる。ご近所の方々が参列しやすい。

寺院…菩提寺《ぼだいじ》のご本尊《ほんぞん》さまに見守られる場所。普段からお参りしていて馴染みがある。法要を行うための場所である本堂には、ほかにはない荘厳な雰囲気がある。

会館…葬儀を行う設備が常に整っている。遺族の負担が少ない。

生前に故人の意向を聞いていればそれも考慮し、それぞれの良さを認識した上で、どこで葬儀を行うかを決めていただくことが望ましいでしょう。

Q.5 四十九日までのお花は どんな花がよろしいですか?

A.5 この花でなければならないという決まりはありません。

ただし、四十九日までが忌中《きちゅう》であることを考慮しますと、お供えする花はあまり派手過ぎず、優しく落ち着きのある色合いの花が適しているということはいえるかもしれません。実際、一般的に多く用いられている花は、菊《きく》、百合《ゆり》、蘭《らん》などです。

しかしながら、葬儀の際に祭壇を飾る花々は白を基調としながらも、色とりどりの美しいものである場合がほとんどです。故人の好きだった花をお供えしたいという要望も多く、のこされた方々の気持ちを花に託して故人に贈るお供え物でもありますので、心を込めて選んでいただければ結構です。

Q.6 お墓はなぜ建てるのですか?

A.6 故人が眠る場所であり、皆さまが集う場所だからです。

お墓とは、この世に生を受けている私たちと故人が集う場所です。たとえ自分の家にご先祖さまをお祀《まつ》りする仏壇がなくても、寺院などにお墓が建てられてさえいれば、いつでもどなたでもお参りすることができます。いつでもご先祖さまや大切な方に出会うことのできる場所となるのです。

人生の岐路に立ったとき。右か左か悩んだとき。お墓に足を運び、両親や亡き伴侶《はんりょ》、ご先祖さまの前で決断をする方もいらっしゃいます。一人では決めることができなくても、そういった方々の後押しがあれば進むべき道が開けてくるでしょう。

昨今、海への散骨《さんこつ》や樹木葬《じゅもくそう》など、様々な遺骨の埋葬法《まいそうほう》が提案されています。それを選択するのは各家各人の考えかたによりますが、菩提寺と相談するとともに、家族や親族の皆さまが集える場所をお持ちいただきたいと願っています。

Q.7 納骨する気持ちの整理がつきません。どうすればいいでしょうか?

A.7 必ずふさわしい時がやってきます。

いつまでに納骨をしなければいけないという決まりはありません。大切な方を亡くした悲しみというものは、筆舌に尽くし難い苦しみです。納得できるまで、故人の遺骨を身近なところにお祀りしておくことはできます。

ただ一つお伝えしたいのは、納骨をしたからといって、故人はどこか遠くへいってしまうわけではないということです。ご自宅の仏壇には故人の位牌《いはい》があり、そこではご本尊さまが故人とあなたとを見守っています。故人は変わらずにあなたの傍《そば》にいるのです。

また遺骨には、墓地や納骨堂といった納めるべき場所というものがきちんとあります。納骨をすることで気持ちの整理がついたという方もいらっしゃいます。遺骨は墓地へ納め、位牌はご自宅の仏壇にお祀りし、手を合わせてさしあげるということも、故人にとってふさわしい在りかたなのかもしれません。

Q.8 故人が成仏できているのか心配です。

A.8 葬儀を終えた方は、必ず成仏できています。

成仏《じょうぶつ》とは「仏に成る」ということ。お釈迦さまと同じ安らかな境地で、仏さまの世界に安住《あんじゅう》していただくということです。

葬儀のなかで戒《かい》を授かることによって、亡くなった方はお釈迦さまの弟子となります。そして、仏弟子としての新しい名前である戒名《かいみょう》を受けて、お釈迦さまの悟りの世界へと向かいます。授戒によって、故人は仏さまと同じ存在となり、成仏されるのです。したがって、葬儀を行って送ったのであれば、その方は必ず成仏しています。

仏に成る

Q.9

法事は何回忌まで勤めればいいですか？

A.9

先祖供養に終わりはありません。

ご先祖さまの恩に報いるために供養を続けていくわけですから、先祖供養に終わりはないというのが本来の答えになります。

ただし、実際には法事は三十三回忌か五十回忌で弔《とむら》い上げとすることが多いものです。もちろん菩提寺によってはそれ以降の法事を行うこともあり、百回忌、百五十回忌、何百回忌とお勤めすることもあります。

「誰もそのご先祖さまの顔を知らなくなったあたりで弔い上げとする」というような考えもありますが、出会ったことのない、顔も知らない多くのご先祖さまのおかげで、私たちの今があります。ご先祖さまのことを直接知らなくても、ご先祖さまとしっかりとつながっている証しとして、私たちが存在しているのです。知っている方だけを供養しても、本来の供養の意義には適《かな》いません。ご先祖さまへの感謝の気持ちを、いつまでも胸に抱き続けていたいものです。

Q.10

数珠《じゅず》の持ちかたを教えてください。

A.10

房を下にして左手で持ちます。

曹洞宗では、数珠は左手の親指以外の四指にかけて房《ふさ》が下にくるようにして持ちます。数珠の玉の数は、煩悩《ぼんのう》の数とされる百八個を基本として、半連《はんれん》とよばれる五十四個のものや、四半連《しはんれん》とよばれる二十七個のものなど、いくつかの種類があります。玉の数が多くなると数珠が長くなるため、そのような場合は二重にして持ちましょう。また数珠を持って合掌をする際は、数珠を左手にかけたまま両手で挟むようにして手を合わせます。

数珠とはもともと念仏《ねんぶつ》の数をかぞえるための仏具でした。お釈迦さまが在世だったころにはすでに存在していたとされ、仏教の歴史が詰まった仏具でもありますので、大切に扱うようにしてください。

Q.11 数珠が切れてしまいました。何かの前兆ですか？

A.11 形あるものはいつか必ず姿を変えます。

心配されなくても、それが世の常《つね》の姿です。何か不吉なことを表しているわけではありません。お釈迦さまが説かれた無常《むじょう》という教えは、世の中にあるすべてのものは移り変わっていくという、物事の真理を示したものです。形あるものがやがて壊れるのは自然なことですので、不安に感じていただかなくても大丈夫です。安心してください。

切れてしまった数珠は、寺院へ持参していただければお預かりすることもできます。また仏壇店などに持っていけば紐《ひも》を交換して直すこともできます。紐が切れるほどたくさんお参りをされた証拠ですので、不吉どころかむしろ誇らしい出来事でしょう。手放すのではなく、直してこれからも長く大切に愛用されてはいかがでしょうか。

Q.12 後継ぎがいません。仏壇やお墓をどのようにすればよいですか？

A.12 そのための菩提寺です。

寺院は、後継者がいなくなった家の供養を引継ぐ役割も担っています。そのために永代供養《えいたいくよう》という選択もあります。ただし、この永代供養というものの考えかたは、寺院によって違いがみられるので注意が必要です。

寺院が続くかぎり供養を続ける。何回忌かまでに区切りをつけて供養をする。お墓を建てずに、遺骨を預かって供養をする。どれも実際に永代供養として考えられているものです。

後継者の問題というものは、家庭によっていろいろなケースがあります。その家々によって解決方法は異なりますが、菩提寺は必ず力になってくれます。一度菩提寺のご住職と相談してみてはいかがでしょうか。

Q.13

仏壇のお祀りの仕方を教えてください。

A.13

最上段に一仏《いちぶつ》両《りょう》祖《そ》さま、一段下がってご先祖さまの位牌を安置します。

1 釈迦牟尼仏《しゃかむにぶつ》(本尊)
2 道元禅師《どうげんぜんじ》(高祖承陽大師《こうそじょうようだいし》)
3 瑩山禅師《けいざんぜんじ》(太祖常済大師《たいそじょうさいだいし》)
4 位牌《いはい》(右側:古い 左側:新しい)
5 仏飯器《ぶっぱんき》
6 茶湯器《ちゃとうき》
7 霊《れい》膳《ぜん》
8 高《たか》杯《つき》
9 香《こう》炉《ろ》
10 燭《しょく》台《だい》
11 花《か》器《き》
12 鈴《りん》
13 木《もく》魚《ぎょ》

Q.14

仏壇はいつまでに準備すればいいですか?

A.14

四十九日までに準備できることが望ましいです。

四十九日までの中陰のあいだは、位牌《いはい》をはじめ、あらゆるものに「仮」を意味する白木《しらき》を用います。したがって、それらを正式なものへあらためる四十九日までに準備できることが望ましいです。またその際は、必ず菩提寺のご住職に性入《しょうい》れをお願いしましょう。性入れによって、仏壇ははじめて信仰の対象となるからです。

ちなみに「私の家にはまだ仏さまがいないから仏壇は必要ない」と考える方もいらっしゃいますが、じつはそうではありません。仏さまとはご本尊さまを意味する言葉でもあり、ご先祖さまだけを意味する言葉ではないのです。そもそも仏壇は、家庭の中に建立した小さな本堂であり、ご先祖さまの位牌を安置するだけの場所ではありません。たとえ安置する位牌がないお宅でも、仏壇を準備する意義は大いにあります。

仏さまに感謝する心は、命に感謝する心と同じです。日々の生活のなかで仏壇に手を合わせることには、大切な意味があります。その心を永く次の世代に伝えていくために、仏壇を準備していただきたいと思います。

Q.15

仏壇の向きについて教えてください。

A.15

どちらの方角でもかまいません。

家の間取りと関係しますので、必ずこうでなければいけないという方角はありません。寺院の多くは北を背にし、南を向いていますので、それにならっても結構です。

仏教は西(インド)から日本へと伝来したので、西を向いてお参りができるよう、仏壇は東向きにするという考えもあります。

また、伝統的な仏教の世界観のなかでは、私たちが住む娑《しゃ》婆《ば》世界は南にあり、北を向くとお釈迦さまが暮らしている須彌山《しゅみせん》という山があります。お釈迦さまに向かってお参りすることが望ましいため、北を向いてお参りができるよう、仏壇は南向きにするという考えもあります。

必ずしも方角にこだわる必要はありませんので、実際の生活を考慮して決めていただければ結構です。

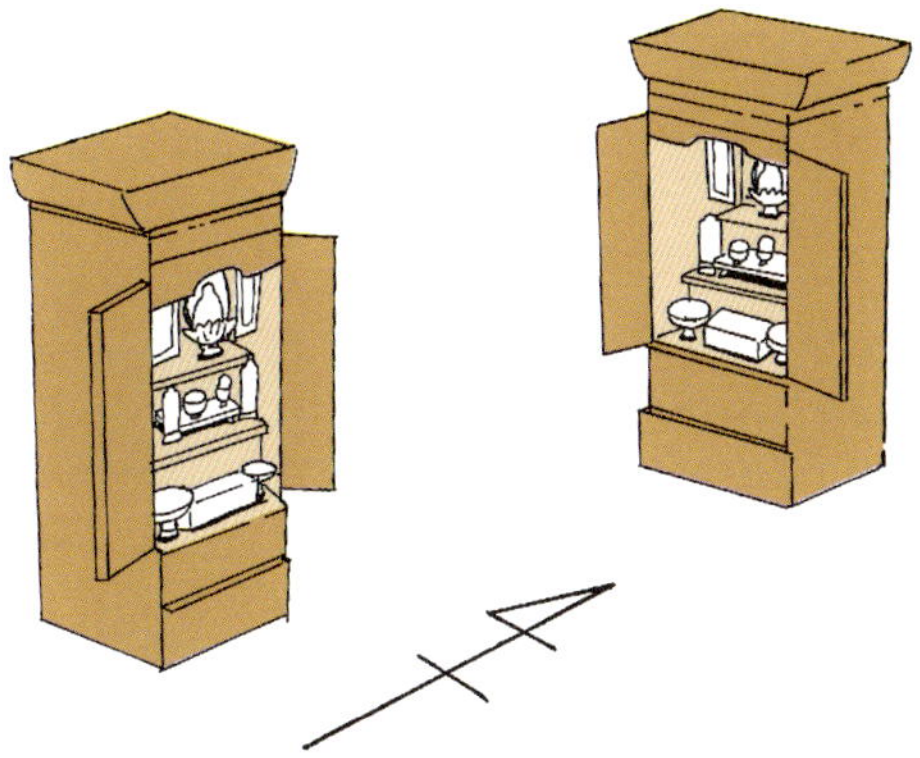

Q.16

子どもにも仏教にふれてほしいです。どうすればいいでしょうか?

A.16

日々お参りする姿を見せることが一番です。

仏教とは、亡き人に向かい合うことで、今ある命に向かい合う教えでもあります。仏壇やお墓をお参りする姿をお子さまに示し、命の尊さを伝えていただくことが一番良い方法ではないでしょうか。

私たちの命は、両親や祖父母、さらには果てしなく続くご先祖さまたちによって受け継がれてきた命でもあります。私たちがいただいた、たった一つのこの命は、あたりまえのようにある自分だけの命ではなく、ほかの多くの命によって生かされている、かけがえのない命なのです。

親が感謝の心を大切にしていれば、子どもも感謝の心に気づきます。子どもは仏壇やお墓にお参りするご家族の姿を見て、命に感謝する心の大切さを学ぶのです。

また各地の曹洞宗寺院では、子どもを対象とした坐禅会などが開催されることがあります。そのような場所で仏教とふれることも良い経験です。詳しくお知りになりたい方は、お近くの曹洞宗寺院にお訊ねください。

Q.17 亡くなった人はどこにいるのですか？

A.17 お墓・仏壇など、手を合わせる場所すべてです。

故人は葬儀を経て、お釈迦さまの悟りの世界へと向かいます。この「悟りの世界」という言葉は、「お釈迦さまのもと」や「仏さまの世界」と言い換えることも、「苦しみから解き放たれた安楽《あんらく》の世界」と言い換えることもできます。それらは詰まるところ、すべて同じことを表しています。

仏教には、香りを施すところに応じて、仏さまやご先祖さまが姿をあらわすという信仰があります。それと同じように、心に故人を想うとき、その心に故人は姿をあらわします。心にあらわれるその紛れもない故人に向かって、私たちは手を合わせているのです。

お墓や仏壇や位牌というものは、霊験《れいげん》を帯びた信仰の対象です。手を合わせる場所すべてに故人はあらわれますが、自然と手を合わせて故人を思い浮かべるのは、やはりお墓や仏壇に向かい合ったときではないでしょうか。だからこそ「故人の眠る場所」という信仰の象徴を、大切にしていただきたいのです。

Q.18 過去帳《かこちょう》の意味を教えてください。

A.18 ご先祖さまの歴史が詰まった精霊簿《しょうれいぼ》です。

各家にある過去帳には、その家のご先祖さまから現在に至るまでの家族の俗名《ぞくみょう》、没年月日、没年齢、戒名などが記されていることが多いものです。いつの時代も、当主や家族が懸命に家を守り、脈々と命を受け継ぎ続けてくださったからこそ、私たちは今ここに暮らすことができています。過去帳はそういったあたりまえの事実を今一度再確認させてくれるものであり、感謝すべきご先祖さまを供養するための精霊簿となります。

なお、家の過去帳とは別に、寺院には檀信徒各家全体を対象とした過去帳が存在しますが、これは寺院住職だけが管理し、かつ守秘義務が伴うものですので、一般の方々が閲覧することは決してできません。

Q.19 お供え物はいつ下げればいいですか?

A.19 お参りが終わったら下げていただいてかまいません。

曹洞宗の修行道場では、朝と昼のお勤めの際にお膳のお供えをします。そしてこれらのお供え物は、お勤めが終わったら下げます。またお供えに使用した具材は、あとで味噌汁の具などに使い、自分たちでいただきます。

ご自宅の仏壇にお供えした仏飯《ぶっぱん》などについてですが、お供えしたあとは、お下がりとして召し上がっていただければと思います。水を換える際も、流しに捨てるのではなく、庭木にあげるなどして生命が廻《めぐ》るようにしてあげてください。私たちは大きな縁《えん》のなかで互いに関係しあい、関わり合って生きているのですから。

仏飯

Q.20 曹洞宗のお坊さんの正しい呼び名というものはありますか?

A.20 住職なら「方丈《ほうじょう》」が正式名称です。

私たちは普段、いろいろな名前でよばれています。「おっさま」「和尚《おしょう》さん」「住職さん」「方丈さん」、若い者であれば「若さん」など。どのようによんでいただいてもかまいませんが、住職の正式な呼び名は「方丈」になります。

よく使用される「おっさま」は曹洞宗の僧侶の敬称である「和尚」が語源です。「和尚さま」を縮めて「おっさま」。意味がわかりにくいのは「方丈」でしょうか。

修行道場には「起きて半畳 寝て一畳」という言葉があります。坐禅《ざぜん》を組むときは半畳、眠りに就くときは一畳。修行に必要な空間はそれだけで事足りるという意味です。古来、寺院住職の部屋は一丈四方(方丈)の正方形でした。つまり「方丈」とは住職の住む部屋を指し、転じてそこに居住する住職を意味する言葉となったのです。

Q.21 法事のお供え物は何を用意すればいいですか?

A.21 故人にお供えしてさしあげたいもので結構です。

お供え物に何を準備すればいいのかということを迷われる方は、思いのほか大勢いらっしゃいます。あまり難しく考える必要はありませんので、故人にさしあげたいものを思い浮かべていただければ結構です。

花や菓子や果物、畑で獲れた野菜に地域の特産物。これらのお供え物は、基本的には法要後にお下がりとして参拝された皆さまにお配りをします。お下がりとはご本尊さまやご先祖さまからのいただき物という意味ですので、ありがたく皆さまでいただきましょう。

Q.22 仏教にはなぜいくつもの宗派があるのですか?

A.22 お釈迦さまのどの教えを大切にしているかが違うためです。

お釈迦さまはその生涯のなかで、千差万別の悩みを抱え、それぞれに個性も違うたくさんの人々を苦しみから救うために、様々な方法や手段を用いて教えを説き、人々を導きました。そのお釈迦さまが亡くなり時代が下ると、お釈迦さまが説かれた膨大な教えの数々は、整理系統化されていきました。

やがて弟子たちのあいだには、どの教えを修行の主眼にするべきかという見解の相違がみられるようになり、いくつものグループに分かれるようになりました。それが宗派《しゅうは》の違いが生まれた理由です。ただし、違いはあってもそこに優劣はなく、どの宗派であっても起源はお釈迦さまの説かれた教えただ一つです。

Q.23 亡くなった人が私たちに何か災いを起こすことはありますか？

A.23 ありません。

死者が災いを引き起こすという考えは、日本人が古くから信じている、死者あるいは死そのものに対する怖れが生み出した考えなのでしょう。仏教にはこのような考えはありません。亡くなられた方は仏さまとなって、のこされた家族を見守ってくださる安らかな存在となります。

亡くなられた方のことを、災いを引き起こす存在としていたずらに怖れるのは、その方の尊厳と、その方を慕う方々を傷つけることになります。そのような言動は控えてください。

Q.24 三仏忌《さんぶつき》とは何ですか？

A.24 お釈迦さまの生涯における、三つの重要な出来事の総称です。

三つの重要な出来事とは、「降誕《ごうたん》」「成道《じょうどう》」「涅槃《ねはん》」になります。それぞれについて説明いたします。

降誕…誕生された日。四月八日にお生まれになったとされることから、この日には花御堂《はなみどう》のなかに生まれたばかりのお釈迦さまの像（誕生仏《たんじょうぶつ》）をお祀りし、甘茶《あまちゃ》をかけて祝福の法要を行います。

成道…悟りを開いた日。菩提樹《ぼだいじゅ》の下で八日間の坐禅の末、十二月八日に悟りを開いたとされるお釈迦さまの故事にならい、修行道場では十二月一日から八日の早朝まで、「臘八摂心《ろうはつせっしん》」とよばれる坐禅三昧《ざぜんざんまい》の修行が行われます。

涅槃…亡くなられた日。お釈迦さまは死の間際まで説法の旅を続け、二月十五日、八十歳でその生涯を閉じられました。お釈迦さまのご遺徳を偲ぶため、各寺院ではお釈迦さまの最期の様子を描いた涅槃図《ねはんず》をかけて、仏法を受け継いだことに対する感謝のまことを捧げます。

《参考文献》

井上正憲ほか編『曹洞宗大辞典』櫻井秀雄監修、ぱんたか
駒澤大学内禅学大辞典編纂所編『新版 禅学大辞典』大修館書店
藤井正雄・花山勝友・中野東禅『仏教葬送大事典』雄山閣
中村元『岩波仏教辞典』ほか編、岩波書店
石田瑞麿ほか編著『新・仏教辞典 増補』中村元監修、誠信書房
中村元『仏教語大辞典(上・下)』東京書籍
中村元『仏教語大辞典 別巻』東京書籍
中村元編著『図説佛教語大辞典』東京書籍
井上義臣『温故知要・洞門行法』正和会
渡会仙定『増補・室内住職学随聞録:杉本俊龍老師所伝』井上義臣編、滴禅会
杉本俊龍・渡会仙定・井上義臣『津送須知』滴禅会
櫻井秀雄『修訂 曹洞宗回向文講義』曹洞宗宗務庁
曹洞宗総合研究センター編『葬送儀礼と民俗』曹洞宗総合研究センター
古山健一『釈尊伝』曹洞宗宗務庁
菅原研州『道元禅師伝』曹洞宗宗務庁
宮地清彦『瑩山禅師伝』曹洞宗宗務庁
中村元『ゴータマ・ブッダ(上・中・下)』春秋社
柴田芳憲『改訂版 曹洞宗 葬儀・法事のしきたりとその由来』
静岡第一宗務所編、田中良昭監修、静岡第一宗務所
コロナ・ブックス編集部『日本の香り』香老舗 松榮堂監修、平凡社

曹洞宗岐阜県青年会創立40周年記念事業部員一覧

会長
智照院 宮崎 誠道
記念出版部長
本覚寺 大橋 陵賢
記念講演実行委員長
龍泰寺 宮本 覚道
全昌寺 不破 英明
自福寺 古川 元弘
慈眼寺 宮崎 證俊
瑞巖寺 巖 晃司
大覚寺 山守 隆弘
千手院 橋本 絢也
広福寺 紀藤 昌元
豊川寺 宇都宮 英俊
悟竹院 稲村 隆元
長福寺 蕚 弘道
永昌院 髙橋 定佑
霊泉寺 佐藤 隆定
正林寺 荒田 章観
永昌寺 鬼頭 周賢
安養寺 小島 泰寛
弘福寺 丹治 大輔
萬嶽寺 皮地 昇雲
玉泉寺 龍田 無名
洞禅院 紀藤 祐元
善昌寺 井口 昭典
洞雲寺 大森 俊道

あとがき

戦後の混乱期を経て、高度経済成長で揺れ動く社会のなか、人々と仏教とを結ぶ原点を求めて曹洞宗岐阜県青年会は誕生しました。以来四十年。この歩みを続けることができたのは、会を担ってきた僧侶が一仏両祖の教えをただひたすらに伝えたいと願い、そこに檀信徒をはじめ多くの方々からのお力添えをいただくことができたからにほかなりません。何ものにも代えることのできない年月でした。

四十年。長いようで、早いものです。この四十年で、私たちを取り囲むあらゆる環境は、とてつもないスピードで変化をしてきました。「常なるものは何もなく、ありとあらゆる存在は絶えず変化をしている」ことを、私たち青年僧侶は仏教の根本的な考えかたとして解しているにもかかわらず、その早さに少々戸惑いを感じずにはいられません。

移りゆく時代の流れのなかで、人々の価値観は多様化してきています。地域社会の相互扶助の形態さえも変容していく現代にあって、葬儀の主体は地域の共同体から、家族という小さな単位に変わってきました。しかし、たとえ葬儀・供養に対する意識が薄れゆく時代にあっても、亡き人を弔う意義になんら変わりはありません。今は亡き命に向かい合うことで、今ある命の尊さに向かい合ってほしい。そして、仏教を通して命の尊さに目覚めてほしい。そんな私たちの願いも、変わりはありません。

「あまねく人に伝えたい　よき僧であるために」

曹洞宗岐阜県青年会第二十一期はこのスローガンのもと、創立四十周年記念出版物の製作を進めてきました。そしてこのたび、本当に多くの方々からのご協力をいただくことで、発刊にいたることができました。混迷する現代を歩むなかで、お釈迦さまが残した言葉が今を生きる人々の灯火となるように、この書籍も暗闇を照らす一つの灯火になることを願っています。

最後に、この一連の周年事業へご尽力をいただいた皆さまへ、この場をお借りして心より御礼申し上げます。

平成二十八年三月二十六日

曹洞宗岐阜県青年会

小島 泰道 〈こじま たいどう〉

1952年岐阜県生まれ。駒澤大学院卒。1974年より大本山永平寺で修行。27歳で岐阜県長國寺の住職となる。1988-89年に曹洞宗岐阜県青年会第7期会長を務め、歎佛教本や曹洞宗日課勤行聖典、大般若理趣分経の発刊等に尽力。2002年より曹洞宗宗議会議員、2013年より曹洞宗教化部長として、国内のみならず全世界への布教・伝道活動を牽引する。2016年曹洞宗宗議会議長。その他、世田谷学園理事、東北福祉大学理事長、駒沢女子大学理事等の役職を歴任、2022年より学校法人愛知学院理事長。日本口唇口蓋裂協会相談役。一般社団法人日本先制臨床医学会特別顧問。曹洞宗宗門のみならず、仏教興隆のために多岐にわたる活動を展開している。

曹洞宗岐阜県青年会 〈そうとうしゅう ぎふけん せいねんかい〉

1976年創立。岐阜県内、45歳以下の曹洞宗僧侶で構成される青年僧侶の会。創立10周年より5年毎に講演・法要・演劇・研修等の周年事業を重ねる。2014-2015年で第21期。2015年には創立40周年事業として、第14世ダライ・ラマ法王を岐阜へ招聘し、特別記念講演を開催。同事業として、曹洞宗の葬儀と供養の意義を多くの方々に伝えるために、『曹洞宗の葬儀と供養』を編集・発刊。あまねく人に仏法を伝えるため、多方面にわたって活動を続けている。

（曹洞宗岐阜県青年会ホームページ　http://www.sougisei.com/）

曹洞宗《そうとうしゅう》の葬儀《そうぎ》と供養《くよう》 ～おくる～

2016年3月26日　初版第1刷　発行
2024年9月1日　第4刷　発行

監　修	小島 泰道
編　著	曹洞宗岐阜県青年会
発行者	仙道 弘生
発行所	株式会社 水曜社 〒160-0022 東京都新宿区1-31-7 phone 03-3351-8768　fax 03-5362-7279
アートディレクション デザイン	秋場 紀（ISSUE）
写　真	高山 栄一　北村 友紀　前原 雄馬（スタジオC-PWS） 高木 健吾（株式会社フジナ）　髙橋 定敬 fotolia　28012603／79376272／98671658／33298463 69483017／15996839／80710494
イラストレーション	澤原 ひとみ
印刷所	株式会社 丸井工文社

ISBN 978-4-88065-382-2 C0015